혁명 시대의 역사 서문 외

GESCHICHTE DES REVOLUTIONSZEITALTERS

책세상문고·고전의 세계

혁명 시대의 역사 서문 외

GESCHICHTE DES REVOLUTIONSZEITALTERS

야콥 부르크하르트 지음

·

최성철 옮김

책세상

일러두기

1. 이 책은 야콥 부르크하르트가 쓴 네 편의 저서 가운데 주요 부분을 발췌하여 옮긴 것이다.

    1) 《그리스 문화사 *Griechische Kulturgeschichte*》(Berlin/Stuttgart: W. Spemann, 1898~1902, 전 4권)의 "서문."

    2) 《여행 안내서 *Der Cicerone*》(Stuttgart: Alfred Kröner Verlag, 1855)의 "16세기 회화" 중에서.

    3) 《역사적 단상들 *Historische Fragmente*》(Stuttgart: Deutsche Verlag-Anstalt, 1929)의 <혁명 시대의 역사 Geschichte des Revolutionszeitalters>의 "서문."

    4) 《세계사적 고찰 *Weltgeschichtliche Betrachtungen*》(Stuttgart: Alfred Kröner Verlag, 1905)의 "서문."

2. 주는 모두 후주로 처리했으며, 저자주는 (저자주)로, 원전 편집자주는 (편집자주)로 구분하여 표기했다. 단, 옮긴이가 단 주는 따로 표기하지 않았다.

3. 원전에 이탤릭체로 강조된 것은 이탤릭체로, 글자 간격이 넓게 표기되어 있는 것은 고딕체로 표기했다.

4. 〔 〕 처리한 부분은 원문을 훼손하지 않으면서 맥락의 이해를 돕기 위해 옮긴이가 첨가한 것이다.

5. 주요 인명과 책명은 처음 한 회에 한해 원어를 병기했다.

야콥 크리스토프 부르크하르트Jacob Christoph Burckhardt는 역사학에 조금이라도 관심이 있는 사람이라면 누구나 한 번쯤 들어보았을 이름이다. 아니, 역사학에 관심이 없더라도 '르네상스Renaissance'라는 말과 관련하여 한두 번쯤은 반드시 들어보았어야 할 이름이다. 하지만 그가 스위스인이었고, 랑케Leopold von Ranke의 제자였으며, 현대사에도 방대한 연구 업적을 남겼고, 당대의 대표적인 현재비판가였다는 사실까지 자세히 알고 있는 사람은 그리 많지 않다. 그래서 한 서양 사학자가 "부르크하르트라는 역사가에 대해 말들은 많이 하지만, 정작 그에 대해 제대로 알고 있는 사람은 거의 없다"고 토로한 심정에 충분히 공감할 수 있다.

그렇다면 이름은 익히 들었으되 정작 그에 대해 잘 모르는 이유는 무엇일까? 대답은 간단하다. 그것은 그가 이미 고전의 반열에 들어 있기 때문이다. 널리 유포된 명성에도 불구하고 일반 대중 독자들이 읽기를 꺼려하는 경향은 고전 작가들의 저작에서 공통적으로 발견되는 현상이다. 심지어 전공자조차 그들의 작품을 제대로 소화해서 읽는다는 것은 쉽지 않다. 이와 같이 우리에게 가깝고도 멀게만 느껴지는 고전 작가, 그중에서 하필 부르크하르트를 왜 다시 읽어야만 할까?

1948년 당시 독일의 저명한 역사가 마이네케Friedrich Meinecke의 강연 〈랑케와 부르크하르트〉가 발표된 이래 이 두 인물이 19세기 독일어권의 사학계를 대표한다는 점에 이의를 제기하는 사람은 아마도 많지 않을 것이다. 그들이 학문적으로나 사상적으로, 동시대나 오늘날의 역사학계에 미친 영향은 실로 지대하다. 한편에서는 역사주의와 실증사학이, 다른 한편에서는 현재비판과 문화사학이 오늘날까지도 때로는 추구되거나 옹호되고, 때로는 비판되거나 수정되고 있는 실정이기 때문이다. 흔히 부르크하르트를 제대로 이해하려면 그의 스승이었던 랑케를 먼저 이해할 필요가 있다고 말하지만, 그것은 마이네케의 명제에 따르는 것일 뿐 반드시 그렇지는 않다. 부르크하르트는 단순히 랑케의 반테제나 대안으로 간주되기에는 너무도 많은 다른 복합적인 요소와 현상들을 내포하고 있다. 다시 말해 그는 랑케의 '반대편'에 서 있던 인물이 아니라 그와 '다른 편'에 서 있던 인물이다. 만일 여기서 제한적 개념인 '반대'보다 포괄적 개념인 '차이'가 더 주목되어야 한다면, 결국 우리도 오늘날 부르크하르트를 다른 관점에서 새롭게 읽어볼 필요가 있다.

흔히 부르크하르트는 '성공한 아웃사이더'로 불린다. 그가 이같이 사학사적 혹은 학문사적으로 특이한 위치를 차지하게 된 근거, 또는 그가 바로 그 자신으로 인식되고 파악될 수 있는 핵심적 근거는 크게 네 부분에서 추적할 수 있다. 가장 먼저 거론될 부분은 역시 그의 문화사학이다. 아무리 그 이전 세기부터 있어왔고 또 꾸준히 확산되어왔다고는 하지만, 문화사학은 여전히 정치사학에 밀려 변방에서 연구되던 이른바 '재야(在野) 학문'이었다. 그러나 그가 애초에 문화사학에 몸을 던진 이유는 문화사학을 정치사학이나 위기의 시대를 극복할 '대안'으로 간주했기 때문이 아니라, 우선 그 분야가 문화·예술 지향적이고 아웃사이더적인 그의 취향에 들어맞는 분야였기 때문이다. 그의 이러한 선택에서 어떠한 비판적이거나 이념적인 모습을 읽는다는 것은 말 그대로 지나치게 비판적이거나 이념적인 해석일 뿐이다. 개인적 선택에서 출발한 그의 문화사가 자기 시대의 주도적 사학의 경향들에 맞서 비판적이고 이념적인 방향으로 발전해간 것은 역사학에 대한 그의 이해 자체가 성숙해가면서 나중에 나타난 현상일 뿐이다. 문화사에 대한 그의 연구는 넓은 관점에서 보았을 때 결국 오늘날 신문화사의 등장과 발전에 접맥되어 있다. 그러나 이미 그 이전에 그의 문화사학은 당대에 하나의 외롭고도 독특한 길이었다는 이유 하나만으로 충분히 주목할 가치가 있다.

부르크하르트를 특징짓는 두 번째 요소인 그의 예술사학은 어찌 보면 그의 문화사학보다도 더 본원적인 것이라고 할수 있다. 그의 문화사학과는 달리 그의 예술사학은 이미 학창 시절에 개념과 방법의 기본 방향이 거의 확고히 다져졌고 시간이 지나면서 내용은 점차 풍부해졌다. 또 예술사학은 19세기를 통틀어 양이나 질적인 면에서 발전을 이루기에는 문화사학보다 훨씬 더 열악한 조건과 환경 아래 있었다. 비록 그 관점이 지나치게 고전적인 가치 기준을 따른다는 비판을 받기도 하지만, 우리는 그의 예술사학이 예술 장르별 고찰과 내면적 해석 등 새로운 연구와 서술 방식으로 20세기 초반의 예술과학의 등장은 물론 오늘날의 예술사학에까지 지대한 영향을 미쳤다는 사실을 간과해서는 안 된다.

혁명사가나 현재비판가로서의 부르크하르트는 문화사가나 예술사가로서의 그에 비해 상대적으로 덜 알려져 있지만 어쩌면 더 핵심적으로 그를 특징짓는 모습일지도 모른다. 프랑스 혁명 그리고 산업혁명과 더불어 시작된 유럽의 19세기는 산업화와 근대화로 점철된 급격한 변혁의 시기였다. 정치·사회·경제·문화 등 삶의 전 영역에 걸친 근대성은 인간 생활 자체를 뿌리째 뒤흔들어놓았으며, 이러한 혼란상은 유럽의 모든 지식인의 사고에 긍정적으로든 부정적으로든 근본적인 변화를 야기했다. 19세기의 한복판에서 살다 간 부르크하르트 역시 거기에서 예외일 수 없었다. 열두 살 무렵 사랑하던 어머니를 전염병으로 잃은 후 인생의 무상함을 절감하고 정신적으로 조숙해진 그의 사고 경향을 보수적으로 만든 결정적인 큰 사건이 두 건 있다. 1848년의 3월 혁명과 1871년의 독일제국 건설이었다. 혁명 시대 위기의 두 원형인 혁명과 전쟁은 그의 눈에 모든 위기의 원인이라기보다 그 결과로, 이들은 다시 다가올 더 엄청나게 큰 위기와 파국의 전주곡에 불과한 것으로 비쳤다. 지식인으로서, 혁명 시대의 역사가로서 당대의 모든 부정적인 현상을 인과관계에 비추어 역사적으로 탐구하지 않는다면, 그리고 그러한 현상들에 대한 비판이나 그것을 극복하기 위한 대안을 제시하지 못한다면, 어찌 진정한 지식인이자 깨어 있는 역사가라 할 수 있겠는가? 현재에 대한 탐구와 비판 행위를 부르크하르트는 처음에는 개인적 서간들을 통해서, 그리고 후에는 '혁명 시대의 역사'라는 제목 아래 현대사 강의를 통해서 철저히 수행해나갔다.

끝으로 부르크하르트를 바로 그답게 만드는 마지막 요소, 즉 역사철학자로서의 부르크하르트는 그 자체가 상당히 도발적인 발상일 수 있다. 왜냐하면 그는 평생을 역사철학이니 역사이론이니 하는 미명하에 이루어지는, 역사 혹은 역사학에 대한 모든 체계적인 접근을 거부했던 인물이기 때문이다. 물론 이 점은 부정할 수 없는 사실이지만, 그렇다고 그가 역사에 대한 나름의 성찰까지 부정했던 것은 아니다. 오히려 그는 스스로 "가장 비학문적인 학문"이라고 규정한 역사학의 개념과 방법을 '이론적으로' 성찰해나간다. 결국 그가 부정했던 것은 그가 보기에 잘못된 관행으로 흘러가던 역사에 대한 기존의 모든 사색과 해석이지, 역사에 대한 성찰과 해석 행위 자체는 아니었다. 진보관에 입각한 헤겔류의 목적론적인 역사철학과 역사의 반복성을 무시하고 개체의 고유한 특성만을 강조하는 랑케류의 역사주의적 역사관에 반발한 부르크하르트는 《세계사적 고찰*Weltgeschichtliche Betrachtungen*》에서 전형성과 반복성에 입각하여 역사에 대해 횡단면적으로 접근하는 새로운 역사 해석의 길을 제시함으로써 결국 또 다른 의미의 역사철학과 역사이론을 형성해나간다.

다음에 이어질 부르크하르트의 네 편의 발췌 글들은 바로 그의 이러한 네 가지 면모를 특징적이고 함축적으로 보여주는 실례들이라 판단하여 번역, 소개한다. 부르크하르트 사학의 이 모든 특징적 면모의 공통점을 한마디로 정의하면 바로 당대의 주류에서 벗어나 다른 방향으로의 발전적 지향성을 갖던 '차이'라고 할 수 있다. 랑케를 위시한 제도권 역사학자, 정치사가, 역사주의자와 결정적 차이를 보이던 부르크하르트 자신은 이미 역사학에서 '19세기적 포스트모더니즘' 현상 그 자체였다. 오늘 우리가 부르크하르트를 다시 새롭게 읽어야 할 이유도 바로 여기에 있다.

옮긴이 최성철

제1장

그리스 문화사 서문

그리스 문화사를 학문적 강좌의 대상으로 삼고자 기획하면서 나는 이 강좌가 하나의 실험적인 것이며 또 그렇게 머물 것이라는 점, 그리고 여기 이 강사는 항상 배우는 사람이고 여러분과 같은 학우이며 또 그렇게 남을 것이라는 점을 먼저 고백한다. 이와 동시에 나는 내가 이곳저곳에서 나타날 문헌학적 실수가 허용될 수도 있는 문헌학자가 아니라는 점도 환기시키고자 한다.

이 강좌는 우선 고대 그리스의 예술품들이나 그리스 역사[1]에 대한 강의와 유사해 보이지만, 그 강의들과 임무에서 구별된다. 내가 젊었을 때 뵈크August Böckh[2]가 자신의 위대한 강의[3]에서 표현했던 것처럼, '고대의 예술품'은 지리적이고 역사적인 개관에서 시작하여 해당 민족의 일반적 특성을 규정한 다음 삶의 개별적 조건들을 다루곤 했다. 그 개별 조건으로는 우선 주요 형태에 따라 구분된 국가 일반, 다음은 정치, 행정, 사법 조직들을 갖춘 특별히 중요한 개별 국가들 다

수, 그 다음으로 각국의 관계와 주도권 싸움을, 그러고 나서 지상과 바다에서의 전쟁, 그 다음 개인의 사적인 생활(측량, 무게, 무역, 산업, 경작, 의식주를 포함한 가계, 결혼, 가족 특성, 노예제도, 교육, 장례), 더 나아가 종교, 제식, 축제, 그리고 그 밖의 경우 예술사 분야에 맡겨졌던 예술들 중에서는 체조, 무용, 음악, 마지막으로 그리스인들이 보존해온 학문들에 대한 개관이 제시되었다. 이 모든 것은 고리타분하게, 다시 말해 모든 개별적인 생의 연관을 위해 필요한, 어느 정도 고른 객관적 완벽성과 풍부한 내용의 정도를 유지하면서——즉 미래의 특수한 지식을 위한 전문 과목으로——다루어졌다. 물론 그것은 문헌학자를 위해서는 불가피했고 오늘날도 그러하며, 그러한 내용들은 실제로 문헌학자와 골동품을 전문적으로 취급하는 사람에 의해서만 전달될 수 있는데, 그 이유는 오직 그러한 전문가만이 상태에 따라 가변적인 재료를 경제적으로 처리해나갈 수 있을 것이기 때문이다.

우리는 이 강좌가 어느 정도까지 학문적 강의가 될지 알 수 없다. 이 강좌는 동일한 주제의 여러 개설서들에 의해 밀려나게 될지도 모른다. 그 개설서들 중 전 세 권으로 구성된 헤르만K. F. Hermann[4]의 책과 박스무트Wachsmuth[5]의 고대 그리스의 문예론이 여전히 대표적 저술들로 손꼽힌다. 무엇이 개설서에 속하고 무엇이 강좌의 대상이 될 수 없는지는 헤르만이 저술한 책의 목차만 잠깐 살펴봐도 분명히 드러난다.

거기에서 우리는 그 책이 순전히 사정에 따라 알려져야 할 내용들, 서로 연관성을 갖는 책에서 다루었을 때 매우 큰 가치를 지닐, 그러한 내용들만 담고 있음을 발견하게 된다. 그중 얼마 안 되는 몇몇 부분만이 우리가 다룰 내용들에 속하며, 그 부분들마저 전혀 다른 연관 속에서 취급될 것이다. 이 방대한 자료에서 우리는 단지 그리스인들의 삶에 대한 견해들을 매우 두드러지게 밝혀내는 데 도움을 주는 것만을 이용하게 될 것이다.

그렇다면 우리 강좌에서는 왜 '그리스 역사', 그것도 일반적 상태와 세력이 간단히 부가적으로 다루어질 수도 있는 정치사 부분이 빠지는 것일까?──점차 그리스 역사를 위해 적확한 서술들이 제공된다는 사실을 염두에 두지 않는다 하더라도, 몇몇 표면적 사건들의 사실 유무를 밝히기 위한 연구조차 기꺼이 커다란 책 한 권으로 출간되는 이즈음에, 사건들에 대한 이야기를 전달하고 그에 대해 비판적으로 논의하는 것은 이미 진부한 일일 수 있다. 그 '사건들' 역시 이미 출간된 책들을 통해 얼마든지 알 수 있다. 대신에 우리는 그 사건에 대한 관점을 제시해야 한다. 만일 한 학기에 겨우 60시간이 조금 넘는 시간 내에[6] 고대 그리스에 대해 가장 알 만한 가치 있는 것들이, 문헌학자가 아닌 사람들에게까지 전달되어야 한다면, 그것은 문화사적인 방법밖에 없다.

우리의 임무는, *그리스의 사고방식과 관조*를 제시하고, 그리스인들의 생활을 주도했던 살아 있고 구성적이며 파괴적인 힘들을 인식하고자 노력하는 것이다. 이야기 전달 형식은 피하되, 그래도 그들의 역사가 전체 보편사의 일부를 구성하는 한 우선적으로 역사적인 방법을 취하면서, 우리는 그리스인들을 본질적인 특성에 따라, 그것도 그리스인들이 고대 오리엔트와 그들 이후의 민족들과 구별되면서도 두 시대를 연결하는 위대한 과도기를 이룬 그러한 특성에 따라 관찰할 것이다. 바로 여기에 맞추어, 즉 그리스 정신의 역사에 맞추어 우리의 모든 연구가 이루어질 것이다. 개별적인 것, 특히 이른바 사건이라고 불리는 것들은 그 자체를 위해서가 아니라 오직 보편적인 것을 밝혀내는 입증 과정에서 언급될 수 있다. 왜냐하면 우리가 찾는 사실은 그 역시 [역사적] 사실인 사고방식이기 때문이다. 원전들은, 우리가 그에 준하여 관찰하는 한, 진부한 지식을 위한 단순한 연구에서와는 전혀 다른 말을 하게 될 것이다.

어차피 각 대학에서의 모든 역사 수업이 누구나 각자 자기의 길을 밟아나가도록 강요당하는 위기에 처해 있다. 역사에 대한 관심은 서양 정신의 일반적 움직임에, 즉 우리 교육의 일반적 방향에 상당히 많이 의존하게 되었다. 이 때문에 과거의 입문이나 방법들은 책에서나 강단에서도 충분치 않다. 그래서 우리는 매우 자유롭게 행동할 수 있다. 다행히 문화사 개념만이 흔들리는 것이 아니라, 대학에서의 실제 연구들도 (그리고 몇몇 다른 것들도 마찬가지로) 흔들린다.

문화사적 고찰의 장점 중 제일 먼저 손꼽을 수 있는 것은, 일반적 의미의 역사적 사실, 즉 이야기 전달의 대상인 사건에 비해 좀더 중요한 문화사적 사실들이 *확실하다는* 점이다. 이야기 전달 대상으로서의 사건은 여러 면에서 불확실하고, 논란의 여지가 많고, 착색되거나, 특히 그리스인들의 재능 부분에 대해서는 상상이나 관심에 따라 온통 거짓말로 꾸며지기도 한다. 이에 반해 문화사는 가장 믿을 만한 것인데, 왜냐하면 문화사는 중요한 부분에서 원전이나 기념물들이 의도하지 않거나 사심 없이, 즉 본의 아니게, 무의식적으로 또는 심지어 날조를 통해 표현된 것들에 의존하기 때문이다. 원전이나 기념물들이 의도적으로 보고하거나 주장하거나 화려하게 꾸몄을지도 모르지만 문화사적 입장에서는 다시 교훈적인, 그러한 사실적인 것들은 완전히 도외시하더라도 말이다.

문화사는 과거 인류의 내면으로 파고들어가 그들이 *어떻게 존재했고, 원했고, 생각했고, 관찰했고, 할 수 있었는지* 말해준다. 문화사는 이와 함께 변하지 않는 것에 관심을 두기 때문에 마지막에는 이 변하지 않는 것이 순간적인 것보다 더 위대하고 중요하게 보이고, 하나의 특성이 하나의 행위보다 더 위대하고 교훈적으로 보이게 된다. 왜냐하면 행위들은 해당하는 내적 능력의 개별적 표현에 불과하고, 내적 능력이야말로 그 행위들을 언제나 새로이 만들어낼 수 있기 때문이다. 따라서 사람들이 원했던 것과 의도했던 것은 발생했던 것만큼이나 중요하고 관조 또한 그 어떤 행위 못지않게 중요하다. 그 이유는 일정한 순간에 관조는 다음과 같이 표현되기 때문이다.

　인간의 핵심적 내면을 연구하면,
　그가 원하는 것과 그가 행동하는 것 또한 알게 된다네.

　아무리 보고된 일이 실제로는 전혀 일어나지 않았거나 그렇게 일어나지 않았다 하더라도, 그 일이 발생한 것으로 또는 하나의 일정한 형태로 발생한 것으로 전제하는 관조는 그 일을 보고하는 서술의 전형성을 통해 자신의 가치를 담지한다. 그리스의 모든 전통도 바로 이러한 종류의 기록들로 가득 차 있다.

　이러한 전형적 서술에서 나오는 변하지 않는 것은 고대 유물들보다도 더 진정한, 아니 어쩌면 가장 진정한 고대의 '실제 내용'이 아닐까 한다. 우리는 여기서 영원한 그리스인을 알게 되고 하나의 개별 요소 대신 하나의 형상과 마주치게 된다.

　"바로 이 도정에서 단지 개별 사실들의 이야기 전달만이 아니라 *개인들*도 우리의 관심 대상이 못 된다! 문화사는 어쩌면 그리스 역사에서라면 전기(傳記)가 중요한 위치를 차지하는 위인들이 빠져 있는 역사일지도 모른다!"

그렇지만 여기서도 그 위인들은 충분히 등장한다. 물론 그들의 전기와 함께가 아니라 정신적인 내용들에 대한 예증이나 최고의 증인들을 갖추고 말이다. 즉 기회가 될 때마다 매번 개별 현상들에 인용됨으로써 그들의 명성은 결코 끊이지 않고 계속 유지될 것이다. 왜냐하면 그들은 그 개별 현상의 표현이자 최정점으로, 즉 대심문(大審問)에서 최우선의 증인들로 인용될 것이기 때문이다. 우리는 물론 그들의 생의 이력을 희생시킬 수밖에 없다.

문화사에서 등장하는 것과 같은 일반적 사실들은 어쩌면 평균적으로 특별한 사실들보다 더 중요하고, 또한 반복되는 것은 일회적인 것보다 더 중요할지도 모른다!

문화사의 또 다른 장점은, 문화사가 그룹별로 묶어가는 방법을 취할 수 있고, *비율*의 중요성에 따라 사실을 강조할 수 있으며, 가령 옛날 방식이나 비판적, 역사적 방식에서 벌어지는 것과 같은 일, 즉 비율에 대한 모든 감각을 짓밟는 행위를 하지 않아도 된다는 점이다.

문화사는, 우리와 친화적인 것이든 대조되는 것이든 우리의 정신과 정말 내적으로 연결될 수 있는, 즉 우리로 하여금 그에 진정으로 참여하도록 일깨워줄 수 있는 그러한 사실들만 보여준다. 따라서 문화사는 나머지 쓰레기들을 옆으로 치

워버린다.

그러나 다른 한편 우리는 문화사적 방법의 본질적인 어려움에 대해서도 침묵해서는 안 된다.

문화사적 사실들의 확실성은 부분적으로 엄청난 기만을 통해서 상쇄되는데, 이 기만은 다른 관계에서는 연구자를 위협하는 것이 된다. 연구자는 무엇이 변하지 않고 특징적인지, 무엇이 〔주도적인〕 힘이었는지 아니었는지 어떻게 알 수 있는가? 먼저 오랫동안 다방면으로 깊이 있는 독서가 그에게 그 점들을 말해주겠지만, *가끔씩* 전적으로 중요했던 많은 것을 간과하거나, 몇 가지는 그저 우연한 것이었는데도 중요하고 특징적인 것으로 여기기도 한다. 읽는 과정에서도 연구자에게는 자기 손에 들어온 모든 것이, 시간이나 기분에 따라, 또는 정신이 명료하거나 피곤한 상태, 특히 자신의 연구가 처해 있는 성숙 단계에 따라, 중요하지 않거나 내용이 없는 것으로 혹은 모든 표현에서 특기할 만하거나 흥미 있는 것으로 보일 것이다. 이 점은 다양한 장르와 지역의 그리스 문헌들을 지속적으로 강독함으로써만 상쇄된다. 아주 격렬한 긴장 속에서는 소기의 성과를 거둘 수가 없다. 즉 항상 한결같이 성실하게 조용히 경청하는 자세가 이어져야 한다.

그러나 여기저기에 읽어야 할 자료가 자포자기하고 싶을 만큼 엄청나게 많고, 그래서 관찰할 자료를 선택하는 것을 지금껏 순전히 자의적으로 해온 우리 자신을 비난해야 한다고 믿는다.

또한 문화사를 *서술하는* 것은 단순히 전통적인 사건들을 서술하는 것과는 전혀 다른 어려움들을 안고 있다. 무엇보다도 문화사에서는 언급될 사실들이, 많은 부분에서 동시적이고 엄청난 일이었음에도 불구하고 언제나 그저 순차적으로, 점차로 보고하는 형식을 취한다는 점이다. 즉 문화사에서는 마치 피낙스Pinax[7]의 틀 안에서야 비로소 가장 올바른 그림이 될 수 있는 엄청난 연속이 문제가 된다. 이 그림은 또 서술자를 끊임없이 혼란시키는데, 왜냐하면 하나의 동일한 대상이라도 경우에 따라 어떤 때는 주변부에 있음으로써 쉽게〔그 대상에〕이를 수 있는 것처럼, 또 어떤 때는 멀리 떨어져 있는 것으로, 또 어떤 때는 바로 중심부에 있는 것처럼 보이기 때문이다.

연구와 마찬가지로 서술에서도 사람들이 잔뜩 겁을 집어먹고 던지는 질문이, 도대체 어디에서 *시작해야* 하는가이다. 대답은, *어디고 아무 데서나*이다.

무엇보다도 많은 곳에서 대상들이 서로 겹치기 때문에, 반복은 불가피하다. 가령 모든 그리스의 사상, 관찰, 감정이 넘쳐흐르는 위대한 신화, 즉 이 세계의 진정한 정신적인 오케아노스Okeanos[8]는 때로는 여기서, 때로는 저기서, 그 외에도 세 개의 중요한 곳에서 세 가지 다양한 관점, 즉 첫 번째는 그리스의 생의 지속적 힘으로, 두 번째는 세계관과 관련해서,

세 번째는 그리스 민족의 한 특정 시대의 상(像)으로 언급될 것이다.

그런 다음 많은 개별적 사실들이 그때마다 언급되어야 할 것이다.

그리고 많은 경우, 우리의 연구와 지식은 충분치 못하기 때문에, 결과 대신에 질문이 제기될 것이다. 우리는 또한 가설들도 제시할 것이다. 그렇게 할 때 우리는 그것을 가설들이라고 말할 것이다.

마지막으로 대상들을 선택하는 데에는 매우 주관적인 자의가 개입될 수밖에 없을 것이다. 우리는 '비학문적'이고 어떤 방법도 가지고 있지 않다. 적어도 다른 학문들에서 사용하는 것과 같은 방법은 없다. 우리가 우리의 주관적 방식으로 비율에 따른 중요성을 기준으로 삼고자 하면서 이 강좌를 독자적으로 형성하는 데 사용했던 동일한 연구에서 어떤 사람은 다른 선택을 하고 다른 기준을 세우고, 종국에는 다른 결론을 도출해낼 수도 있다. 좀더 풍부하고 자세한 연구에서 더 적확하고 위대한 서술이 나올 수 있을 것이다. 만일 우리에게 행운이 주어진다면, 우리 자신이 이 강좌를 나중에 근본적으로 바꿀 수 있기를 희망한다. 일단 우리는 제한된 시간 안에, 그리고 절반은 최상의 지식에 따른 우리 연구의 우연한 형식 안에서 현재 이룰 수 있는 것처럼 보이는 것을 제시하고자 한다.

우리는 많은 것, 즉 사고방식과 관조와 친밀한 관계를 맺지 않는 모든 것을 포기할 수 있어야 한다. 그중에는 특히, 비록 어쩔 수 없는 일이기는 하지만, 일련의 다른 민족의 시초에 대한 많은 연구가 동시에 이루어지길 요구하는 〔고대 그리스의〕 시초에 대한 비판적 연구도 포함된다. 우리는 또한 일상적인 외형적 삶에 포함되는 것을 다루는 것, 즉 당시 풍토에서 다른 민족들에게도 고유했던 그러한 내용들도 포기한다. 우리의 관심은 다만 힘이 닿는 한 특별히 그리스적인 정신이 우리에게 말해주는 특성들에만 제한될 것이다.

이 강좌는 또한 문헌학자가 아닌 사람들에게도 특별한 *학문적 전망*을 제공한다. 즉 이 강좌는 엄청난 고대 유물들의 유산을 단순히 넘겨받는 식의 일을 하지 않기 때문에 그런 사람들을 즉시 연구에 참여하도록 끌어들인다.

인문학적으로 교육받은 모든 이는, 스스로 상승하고자 하는 욕구를 갖는 한, 다른 곳에서와는 달리 여기서는 이 강좌에서 취급하는 원전들을 강독함으로써 연구에 동참할 수 있다.

'고대의 예술품들'에서는 교육적이고 통합적이며 비교학적인 전문 연구, 곧 해당 연구자의 전체 인생 계획을 규정하고 또 적어도 그것이 정말로 무엇인가를 의미하는 일정한 전문 분야에서는 완벽함을 향해 나가도록 몰고 가는 연구를 요구하는 반면, 우리가 의미하는 문화사라는 학문 분야는 인문학적으로 교육받은 모든 이의 교양이 풍부해지도록 한다. 또 바로 그 때문에 인문학적으로 '가방 끈 긴 사람'을 존중하라는 경고는 적절한 것일지 모른다.

낯선 문헌들, 즉 과거 또는 외국의 모든 정신적 형식처럼 우리의 것과는 다른 정신적인 것에 대한 강조를 내면화시키는 일은 모두 이미 엔니우스Ennius의 트리아 코르다tria corda 적[9] 의미에서 (교양의) 풍부함이다. 더욱이 그리스 고전 문헌들에 대한 내면적 이해는 더 말할 것도 없다.

다른 곳에서는 형식이 엄격하고 겉이 거의 열리지 않을 만큼 견고히 포장되어 있으며 표현은 도저히 이해가 안 될 정도로 상징적이라면,[10] 그리스인들에게서 정신적인 것에 대한 표현은 다른 어느 곳과 비교할 수 없을 정도로 투명하다. 왜냐하면 그들의 사고와 그 사고의 틀이 멋진 일치를 보여주기 때문이다. 즉 여기서는 형식과 내용이 다른 어떤 곳보다도 더 완벽하게 일치한다.

이 형식 안에 포착된 내용에 관해서만 말하자면, 여기서 본 강사의 임무는, 좀더 높은 수준의 모든 고대의 저술가들[11]이 문화사적인 인식의 원천이라는 사실을 꾸준히 지적하는 것이다. 그리스 문화사는 이 점에서 인류의 역사 중 매우 특별히 분명하고 개관적인 부분이라고 할 수 있다.

먼저 이야기를 전달하는 저술가들을 눈여겨보면, 여기서는 생생한 것과 중요한 것은 확연히 눈에 띌 만큼 자주, 이야기되는 사건이 아니라, 그것이 어떻게 이야기되는가 하는 방식과 *어떤 조건*에서 이야기되는가 하는 정신적인 조건들에 놓여 있다. 그 일이 실제로 일어났는지의 여부와는 무관하게, 우리는 그리스인들과 그들의 시계(視界)뿐 아니라 그에 대한 내면적 사고방식까지도 알게 된다.

다음은 문학과 철학이다. 연장된 특별한 학문 분야는 이 저술 세계를 그들의 특별한 내용에 따라, 그들의 문학적 가치에 따라 또는 그들의 사실적 의미에 따라 다룬다. 하지만 우리의 문화사 고찰은 그것들을 비교할 수 없이 걸출한 한 과거 민족의 보고(報告), 즉 비록 예전에 사라졌지만 여전히 살아 있는 최고 수준의 정신적인 것의 보고로 간주한다.

이 때문에 가장 폭넓고 자연스러운 의미의 원전으로서의 과거 저술가들을 강독하는 것이 갖는 의미는 언제나 새롭게 강조될 수 있다. 성과——내용과 형식에 따르는——를 찾고자 하는 모든 사람은 강독의 몇몇 결과에서 실제로 쉽게 얻을 수 있다. 사람들은 스스로 그에 천착함으로써 모든 저술가와 일종의 개인적인 관계를 맺을 수 있다.

물론 사람들이 (우리의 *신경*을 그만큼 훨씬 직접 자극하는) 오늘날의 문학에 완전히 푹 빠져 헤어나지 못할 필요는 없다.

더욱이 신문을 읽는 일에 매달릴 필요도 전혀 없다.

오늘날에 속한 모든 것은 너무도 쉽게 또 우선적으로 우리 내부에 있는 물질적인 것, 즉 우리의 이해관계와 연결된다. 과거의 것은 오히려 최소한 우리 내부에 있는 정신적인 것,

즉 우리의 좀더 고상한 관심과 연결될 수 있다.

그러고 나면 우리의 눈이 점점 더 예리해지고, 우리는 과거에서 그 자체의 비밀을 일정한 정도까지 캐묻는 방법을 배운다.

우리보다 앞서 이미 수천 명이 이 일을 했다 해서 우리의 노고가 줄어드는 것은 아니다. 이러한 종류의 일은 결코 '완성되는' 것도 아니고, 언제나 이루어지는 것도 아니다.——어차피 모든 시대는 그보다 더 멀리 떨어진 과거를 새롭게 또 달리 바라본다. 가령 투키디데스Thucydides[12]의 글 속에는 사람들이 백 년 후에나 인정하게 될 1등급의 사실이 이미 기록되어 있을지도 모른다.

우리가 추구하는 것은 다른 사람을 위한 업적들이나 그 단어의 일상적 의미에서의 특수 연구들, 즉 나중에는 모든 힘이 집중되어야 할 하나의 개별적 대상이나 관계를 완벽하게 탐구하거나 서술하는 것이 아니라, *전체적인 것*에 참여하는 것으로, 그리스 일반을 이해하는 것으로 나아가는 것이다. 개별 지식들을 확대하기 위해서라면 이미 오늘날 역사적이고 고풍적인 문헌들이 그에 기여하고 있지 않은가.——*우리는 평생 꾸준히 지속되어야 할 교육과 향유 수단을 옹호하고자 한다.*

원전 강독의 양식도 바로 이에 맞추어 형성된다. 더 멋진 기념물, 시인과 역사가들도 전체적 상으로 기능하며, 따라서 우리는 이들을 단순히 특수한 질문을 위한 반증 자료가 아니라 *전체*로 읽어야 한다. 서술자는 물론 2류 또는 3류의 많은 저술자를 통독할 것이고, 그 전에 이 저술자들을 읽은 다른 사람들을 전거로 삼지는 않을 것이다. 사람들은 기념물도 전체적으로 감상해야 하며, 또 이 기념물 자체가 바로 원전이다. 특히 가장 멀리 떨어져 있는 곳에 가장 중요한 것이 놓여 있는 경우가 흔하다.

여기서는 일반적이면서 잘 보존된 번역과 주석들의 도움도 정당하게 받을 수 있다. 투키디데스를 해결하기 위해 외부의 도움을 받는 것을 결코 수치로 여길 필요는 없다. 왜냐하면 디오니스 폰 할리카르나스Dionys von Halikarnaß[13]나 키케로도 투키디데스를 곳곳에서, 그것도 표현 방식 때문에 이해하지 못하겠다고 고백하고 있기 때문이다. 아무런 도움 없이 앞으로만 나아가고자 하는 사람은 투키디데스를 완전히 통독하는 대신 곧 그를 도중에 어느 곳엔가 놓아두는 꼴이 된다.

더 나아가 *우리*에게 무엇이 중요한가는 오직 우리 자신만이 알 수 있다는 통찰은 우리로 하여금 이 저술가들을 완전히 통독해야 한다는 필연성을 깨닫게 해준다. 이 세상의 어떤 백과사전도 인용문들을 통해, 우리 자신이 찾아낸 진술을 우리가 추측했던 것이나 주목하고 있는 것과 연결시켜주는, 그럼으로써 진정한 지적 재산이 형성되도록 해주는 화학적 연결을 대체할 수는 없다.

고대 그리스에서부터 전승되어 남아 있는 모든 것이 바로 우리에게는 원전이 될 수 있다. 단지 글로 기록된 문헌들만이 아니라 모든 전승물, 특히 그중에서도 건축물과 예술작품이 이에 해당한다. 그리고 문헌 안에는 단지 역사가나, 문학가, 철학자만이 아니라 정치가, 연설가, 편지 저술자, 후년의 수집가나 주석자——이들은 종종 아주 오래된 진술들을 받아서 전해준다——의 저술까지도 포함된다. 우리는 어느 곳에서든지 고대의 위대한 상을 만들어내는 데 기여할 수 있는 것이라면 무엇이든 이용해야 한다. 심지어 의도를 간파하기만 한다면 위조한 자까지도 바로 그 위조와 간파된 그의 목적을 통해——그의 의지와는 정반대로——가장 중요한 가르침을 보증해줄 수 있다.

물론 사람들은 몇 번이고 다시 위대한 예술작품들로 되돌아갈 것이다. 그리고 가령 비극 작가들에게서는 역사적 전리품으로, 충분한 높이와 깊이로 성숙된 신화상의 인물, 위대한 문학작가들, 그 자체로 이미 중대한 문화사적 사건인 양식 등을 긁어모을 것이다.

그리고 마지막으로 나중에 산출될 결과를 위해서라도 같은 문헌을 여러 차례 읽는 것이 좋다. 해당 문헌을 최초로 읽을 때 사람들은 너무 자주 그리고 심하게 언어적, 사실적 어려움과 맞서 싸우다, 나중에 가서야 그 작품을 자유롭게 대하게 되고 또 그것의 형식과 내용을 알게 된다. 가령 헤시오도스처럼 읽을 때마다 매번 새로운 질문들을 자극하고 새로운 관점들을 열어주는 작가들이 있다. 아이스킬로스의 프로메테우스는 읽을 때마다 새로운 특징들을 드러내 보여준다. 그렇다면 현재, 특히 현재 독일의 교육은 고대 그리스인들과 도대체 어떤 관계를 맺고 있을까? 빙켈만Johann Joachim Winkelmann, 레싱Gotthold Ephraim Lessing, 포스Johann Heinrich Voß[14]적 호메로스 이래 그리스 정신과 독일 정신 사이에는 일종의 신성한 혼인 동맹이 맺어져 있다는, 현대 서양의 어떤 민족에게서도 보이지 않는 하나의 특별한 관계와 이해가 존재한다는 느낌이 형성되어왔다. 괴테와 실러는 고전주의적인 성향을 지녔다.

여기에서 파생된 부분적인 결과는, 학교와 대학에서의 문헌학적 연구가 새롭고 깊이 있게 이루어졌고, 또 고대가 르네상스 이래 통용되었던 것과는 다른 의미에서 그리고 그보다 더 깊은 의미에서 모든 연구의 불가피한 토대라는 확신이 생겼다는 것이다.

그 밖에 고대 연구가 일반적으로 엄청나게 확대되었다. 이집트와 아시리아의 기념물, 유럽의 선사 유물, 모든 기술 인종학(記述人種學, Ethnographie)에서의 새로운 업적, 인류와 언어의 기원에 대한 연구 등은 많은 관심을 끌어왔다. 그리고 그리스학도 이 모든 것과 함께 궁지에 몰리게 되었다.

더욱이 이와 함께 자연스럽게 작업의 전문화가 형성되었다. 이러한 작업의 엄청난 개별적 분화는 이미 연구소와 수집품에 국가가 무조건적으로 관심을 가지는 것은 물론, 일련의 연구자들에게 일생을 바치도록 요구한다.

　김나지움〔인문계 고등학교〕에서는 "사람들이 말하기를 고학년의 청소년 수업이 교양 계층 출신의 소년들을 문헌학 교수로 교육시킨다"[15]는 것이다. 그리고 최우선의 교육 수단이 바로 그리스어이고 또 *이런 현상이 유지된*다는 것이다.

　졸업 시험 후에는 이미 우리에게도 잘 알려진 정규 과정이 이어진다. 다른 많은 사람이 이야기하는 식으로 말하고 싶지는 않지만 원래의 문헌학자들을 제외한다면, 고대 저술가들은 아예 한쪽으로 내몰린다. 먼저 처음 석달은 예술성이 풍부하고 공들여 만든 비극 합창의 박자 이론을 잊어버리고, 그 다음은 차례로 하나씩, 즉 말하는 방식을, 마지막에는 단어들을 잊어버린다. 그리고 많은 사람은 그것을 기꺼이 또 의도적으로 머릿속에서 지워나간다. 대신 그들의 연구와 삶은 다른 것들을 요구한다.

　이로부터 김나지움과 추후의 진정한 정신적 방향 사이에 어긋난 관계가 형성되고, 그러한 관계는 언젠가 파국으로 종말을 맞게 될지도 모른다.

　그래서 우리가 추구하는 것은, 우리의 미약한 영향력이 미치는 한, 고대 그리스학에 계속 관심을 갖도록 하는 것이다.

우리의 *결과*는 다음과 같다.

여기서 중요한 것은 대상을 화려하게 꾸미는 것이 아니다. 우리에게는 결코 아름답게 채색하는 일에 열정적으로 몰두하려는 의도가 없다. "그리스인들은 대부분의 사람들이 믿고 있던 것보다도 더 불행했다"(뵈크).

그러나 그리스 정신의 위대한 세계사적 위치는 동양과 서양 사이에서 분명히 밝혀져야 한다.

그들은 자신이 행하고 겪었던 일들을 *자유롭게*, 그리고 고대의 모든 민족과는 다르게 행하고 겪었다.

그들은 독창적이고 자발적이며, 다른 모든 민족에게서는 다소 암울한 의무와 강제가 지배하는 바로 그곳에서 의식적으로 그렇게 행했던 것처럼 보인다.

이 때문에 그들은 온갖 실수와 고통에도 불구하고 그들 자신의 창조 행위와 능력 덕분에 본질적으로 이 지상에서 뛰어난 재능을 갖고 있는 민족처럼 보인다.

모든 정신적인 분야에서 그들은 인류가 적어도 인정하고 획득하는 부분에서 더 이상 물러나 있어서는 안 되는, 또 인류가 그 능력에서 그리스인들을 더 이상 따르지 못한 그런 경계에까지 이르렀다.

바로 이 때문에 이 민족은 모든 후세에 자신들에 대해 연구하도록 임무를 부여할 수 있었다. 이러한 임무에서 벗어나고자 하는 사람은 뒤처지게 마련이다.

이제 그들의 지식과 관찰에 눈을 돌려보자! 그들은 그들의 세계에 대한 지식을 통해서 자신들의 본질 외에도 다른 모든 고대 민족의 본질도 밝히고 있다. 그들이 없었다면, 친그리스적으로philhellenisch 되어버린 로마인들이 없었다면 그 모든 시대에 대한 지식은 결코 전달되지 못했을 것이다. 왜냐하면 다른 모든 민족은 자기 자신들에만, 즉 자신들의 왕궁, 사원, 신에만 관심을 기울였기 때문이다.

그 후 세계에 대한 객관적인 지식은 모두 바로 그리스인들이 짜기 시작했던 망에서부터 계속 짜여나갔던 것이다.

우리는 그리스인들의 눈으로 보고 그들의 표현에 따라 말하고 있다.

이제 지식인의 특수한 임무는, *세계 발전의 연속성*에 대한 상을 가능한 한 그 자체로 완벽해지도록 보충해나가는 것이다. 이러한 작업으로 인해 의식적인 인간으로서의 그는 무의식인으로서의 야만인과 구별된다. 마치 과거와 미래를 관찰하는 것이 인간을 동물과 구별시켜주듯이, 과거는 그에 대한 탄핵들을, 미래는 그에 대한 걱정들을 몰고 올 수 있다. 물론 동물들은 그에 대해 전혀 아는 바가 없겠지만 말이다.

그리고 우리는 창조와 능력 부분에서는 그리스인들을 찬미하는 사람들로, 세계를 인식하는 부분에서는 그들에게 빚진 사람들로 영원히 남게 될 것이다. 바로 이 부분에서는 그들이 우리 가까이 있지만, 다른 곳에서 그들은 위대하고 낯설고 너무 멀리 떨어져 있다.

만일 문화사가 사건들에 대한 역사보다도 이 관계를 더 분명하게 보여준다면, 우리에게 문화사는 사건사에 앞서 우선권을 갖는다고 할 수 있다.

제2장

여행 안내서의
16세기 회화 중에서

1. 16세기 회화

예술은 15세기 말 이래로 어떤 외적 본보기의 자극, 가령 고대를 더 정확하게 모방하는 데 따라서가 아니라, 그 자체의 힘에 따라서 스스로 이를 수 있는 최고의 경지에 올랐다. 이 세기의 과제였던 삶과 개성적 인물에 대한 연구 한가운데서 완성된 아름다움이 새롭게 태어났다. 그 아름다움은 더 이상 단순한 암시나 의도가 아니라, 어떤 충만된 것으로 우리에게 다가온다. 15세기 회화가 생활의 모든 모습을 보여주는 데 성공했을 때에야 비로소 아름다움은 단순화된 형태이면서도 동시에 끝없이 풍부해진 모습으로 이러한 최고의 생을 창조해냈던 것이다.

그러한 생은 여기저기서 예기치 않게, 빛을 내뿜듯이, 그렇지만 일관된 노력의 단순한 성과가 아니라, 하늘이 준 재능으로 등장한다. 드디어 때가 온 것이다. 표현할 수 있는 것으로 증명된 수많은 요소에서, 마사초Masaccio[16]에서 시뇨렐리Luca Signorelli[17]에 이르는 동안 예술의 영역을 결정했던 생활의 폭에서, 시간과 자연에서 거장들은 모두 자기 고유의 방식으로 영원한 것을 불멸의 예술작품들로 수집해나갔다. 그럼으로써 하나의 아름다움은 다른 아름다움을 배제하지 않고, 오히려 그 모든 것이 최상의 것을 여러 모양으로 표현해냈다. 어쨌든 이 시기는 예술이 활짝 꽃핀 짧은 시기에 불과하다. 또한 이 시기 동안 뒤처져 남아 있던 사람들의 활동도 재개되었다. 그중에는 우리가 이미 거명했던 왕성한 활동을 했던 화가들과 심지어 위대한 화가들도 끼어 있다. 사람들은 짧은 생을 살다 간 라파엘로Sanzio Raffaello(1483~1520)가 가장 완벽한 그 모든 것이 등장하는 것을 목도했다고, 또 바로 그 뒤를 이어 심지어 라파엘로보다 오래 살았던 거장들에게서조차 이미 쇠락의 모습이 나타나기 시작했다고 말할 수 있다. 오직 가장 완벽한 것만이 위안거리이자 경탄의 대상이 되었고 라파엘로의 이름은 불멸의 것으로 남아 있다.

2. 레오나르도 다 빈치

베로키오Andrea del Verocchio[18]의 제자였던 *레오나르도 다 빈치 Leonardo da Vinci*(1452~1519)는 피렌체파(派)에게 그 화

파에서 자유로운 정신이 솟아나왔다는 명성을 안겨준 인물이다. 그는 건축가로, 조각가로, 공학자로, 물리학자로, 해부학자로 경이로운 천부적 재능을 지녔으며, 많은 분야에서 창시자이자 발견자였고, 다른 모든 측면에서도 완벽한 인간이었으며, 노령이 되도록 매우 강건했고, 음악가이자 즉흥적인 창작자로 명성을 떨쳤다. 사람들은 그가 정력을 낭비했다고 말해서는 안 된다. 왜냐하면 다방면의 활동은 그에게 자연스러운 것이었기 때문이다. 그렇지만 그가 온갖 예술 분야에서 고안했던 것들 중 너무 적은 것들만 실제로 완성되었고, 그 중에서도 최고의 것은 사라졌거나 그저 잔해로만 남아 있다는 점에 대해서는 사람들이 안타까워할 만하다.

화가로서 그는 매우 상반된 재능을 지녔다. 모든 육체적 현상과 운동의 원인을 해부를 통해 분명하게 밝히고자 끊임없이 노력했던 그는 또한 비교도 안 될 만큼 빠르고 확실한 관점으로 정신적인 표현에도 주력했으며, 그러한 정신적인 모습을 천상의 순수한 것에서 내팽개쳐진 것과 우스꽝스러운 것의 모든 저변에까지 파고들어 추적했다. 그의 많은 작품들이 밀라노 암브로시아나에 전시되어 있는데 그중 그의 펜화 스케치는 이에 대한 증거를 풍성하게 제공한다.── 동시에 그에게서는 가장 아름다운 영혼의 온화한 모습이 강력한 생각의 힘과 이상적인 구도의 조건들에 대한 뚜렷한 의식에 연결되어 있음을 알 수 있다. 그는 현실적인 것이 허용되는 곳에서는 이전의 어떤 사람보다도 더 현실적이었고, 이전의 모든 세기의 불과 몇 안 되는 사람들만큼이나 고상하고 자유로웠다.

현존하는 그의 가장 초기 작품들[19]은 초상화들이다. 이 작품들에서는 이미 그의 독창적인 회화 기법이 아주 정확히 관찰된다. 여기서 잠시 당시의 회화에 대해 몇 가지 사항을 언급해야 할 것이다.

15세기에는, 그리고 레오나르도와 라파엘로가 살았던 기간 중에는 대체로 매우 엄선된 개성적 인물들만이 따로 그려졌음이 관찰된다. 그중 예외는 기껏해야 베네치아 정도인데, 그곳에서는 이미 조르조네Giorgione[20] 시대에 초상화가 지체 높은 사람들의 계층에 걸맞은 사치에 속하기 시작했기 때문이다.──그 밖의 이탈리아 지역에서는 심지어 (벽화나 성화(聖畵)들에서는 전혀 적절하지 않은) 제후들을 독립적으로 그린 그림은 드물었다. (우피치 미술관에 소장되어 있는 그림 중 사람의 등을 은유적으로 그린 피에로 델라 프란체스카Piero della Francesca[21]의 이중(二重) 초상화는 당시 전제 군주들 중 한 명과 그 부인을 그린 듯하다.── 카피톨[22] 미술관과 바티칸 교황의 거실에 있는, 밀라노인 베르나르디노 데 콘티Bernardino de' Conti의 초상화들에 그려진 것은 아마도 제후의 자녀들일 것이다.──피티 궁전에 있는 피에로 델라 프란체스카의 여자 어린이 두상도 마찬가지인 듯하다.── 우피치 미술관에 있는 만테냐Mantegna[23]의 한 여자의 두상도 적어도 높

은 신분의 여성을 그린 것이다.)── 그런가 하면 화가들의 자화
상도 발견된다. 가령 우피치 미술관의 화가 컬렉션에는 마
사초의 자화상, 페루지노Pietro da Perugino[24]의 자화상, 조반
니 벨리니Giovanni Bellini[25](그의 또 다른 그림은 카피톨 미술관에
소장되어 있다)의 자화상이 있고, 토스카나파의 여러 강당 안
에는 한 메달 제작자의 초상화와 로렌초 디 크레디Lorenzo di
Credi[26](페루지노풍으로 그린 한 젊은이의 초상화도 바로 그의 작품
이다)의 초상화가 있다. 고위 성직자들, 심지어 교황들을 그
린 그림은 라파엘로의 작품에서조차 묘지 입상 정도에서나
찾아볼 수 있다. 그 밖의 초상화들은 대부분 문필가로 명성
이 있는 사람이거나, 연인이거나, 가깝고 돈독한 친구이거
나, 또한 매우 아름다운 인물들을 표현한, 그저 기념상들이
고작이다. 그중 일부는 예술가가 보존용으로 일부러 창작한
경우도 있다. (산드로Sandro[27]는 그저 아름다움을 위하여 시모네타
Simonetta를 그렸다. 프란치아Francesco Francia[28]는 우피치 미술관에
있는 반젤리스타 스카피Vangelista Scappi의 초상화를 그렸는데, 스카
피는 그의 옛 친구인 듯하다.)[29]

이 작품들의 표현 방식은 매우 다양하다. 이미 마사초는
멋진 4분의 3 구도법Dreiviertelansicht을 사용하여 중요한 부분
을 쉽고 간편하게 강조하고 있다. 안드레아 델 카스타뇨An-
drea del Castagno[30]도 (피티 궁전에 있는 젊은이의 초상화에서) 강
조점의 차이는 있지만 마사초의 뒤를 따르고 있다. 이에 반

해 산드로는 단지 옆얼굴만을 보여준다. 북이탈리아인들 역시 제각각이다. 피에로 델라 프란체스카는 유두(乳頭) 하나도 놓치지 않는 아주 예리하고 정교한 모형을 떠 아기자기한 풍경화적인 배경 위에 두상의 옆모습을 그리고 있다. 콘티역시 얼굴의 측면도를 그린다. 만테냐와 프란치아는 (페루지노 역시) 정면에서 바라본 얼굴을 그리고 아름다운 풍경을 통해서 그 인물들에게 진정으로 이상적인 배경을 부여하려고 노력했다. 가령 만테냐는 저녁의 마지막 노을이 물드는 바위산맥을 배경으로 그리고 있다. 4분의 3 구도법은 (프란체스카풍의 풍경이 그려진) 메달 제작자의 그림에 근접해 있다. 로렌초 코스타Lorenzo Costa[31](그의 작품은 피티 궁전에 있다)와 조반니 벨리니도 마찬가지다.── 로렌초 디 크레디는 이미 레오나르도에 의존하고 있다.

내 견해로 이 그림들 중 일부는 고귀한 걸작품이다. 그러나 레오나르도는 이들에게 고유한 것과, 모형을 만드는 방식에서, 이들 모두를 능가하고, 그가 표현한 인물들에게 레오나르도 자신이 *가지고 있고* 그의 이상과 결합되어 있는 좀더 고상한 삶의 향기를 부여한다. 지오콘다Gioconda의 초상화 (루브르 박물관 소장)[32]에서 그도 이 풍경의 도움을 받아 이 그림이 다른 모든 그림에 준, 완전히 꿈과도 같은 영향력을 발휘했다.

피렌체의 피티 궁전 안에는 검은 옷을 입은 한 부인, 즉 지네브라 벤치Ginevra Benci를 그린 그림이 소장되어 있다. 완성된 주형을 뜨는 일에 결코 충분히 매달릴 수 없었던 이 거장은 가끔씩, 그리고 바로 여기에서도, 훗날 그림자 부분에서 초록색의 분위기를 자아내는 색들을 사용했다. 얼굴과 태도에서의 고상한 정신적 우아함, 손의 아름다움만이 개성적 재능을 가장 바람직한 방향에서 이용하기 시작한 시대가 이제 도래했음을 분명히 나타내준다.

피티 궁전에는 또한 (특히 입 주변이!) 아주 세밀하게 그려진 금세공사도 있다. 눈꺼풀도 그렇지만 풍부한 정신을 소유한 듯하면서도 어딘지 병색을 띤 듯한 외모는 정교한 작업자의 모습을 잘 표현해준다. 이 작품에는 화가가 얼굴에서 발견하거나 끼워넣은, 본질적으로 레오나르도적인 특성이 아주 놀랍게도 일관되게 흐르고 있다.

우피치 미술관에는 정면에서 바라본 한 젊은 남자의 얼굴이 소장되어 있다. 매우 진지한 모습, 색들이 아주 많이 혼합되어 있음에도 불구하고 (다른 화가들이 덧칠한 가짜 작품이 아니라) 아마 진품이 아닐까 생각되는 작품이다.── 이곳에는 화가 자신이 훨씬 나중에 창작한, 아주 웅장하고 대작으로 분류될 만한 레오나르도 *자신의 자화상*도 있다. 이는 유명한 화가들의 컬렉션 중 가장 위대한 걸작에 속한다.

밀라노의 암브로시아나에는 로도비코 모로Lodovico Moro[33]의 미완성이거나 닳아버린 초상화와 부인의 얼굴 측면도가 있다. 이 마지막 그림은 그다지 즐거운 표정이 아니다. 그 밖에 파스텔로 그린 몇 점의 두상들이 있는데, 그중에는 시선을 아래로 향한 여자의 매력적인 그림도 있다. 나머지 초상화들은 외국에 있다.

레오나르도 자신의 이상이 마치 향기처럼 그 위를 떠다니는 이 작품들 뒤를 역시 그러한 향기가 숨김없이 발산되는 좀 더 규모가 작은 작품들이 뒤따른다. 이러한 작업은 이미 베로키오의 젊은이 두상들에서 준비되고 있었다. 그러나 레오나르도에 와서야 이러한 작업이 완전한 마술의 경지에 이른다. 미소 짓는 입, 가냘픈 턱, 큰 눈, 때로는 기쁨에 넘쳐 빛나고, 때로는 가벼운 고통이 그윽하게 감싸고 있는 듯한 모습. 판에 박은 표정들은 15세기 전반에 걸쳐 등장한다. 그러나 16세기에는 한 위대한 거장이 자신의 최고의 것으로 부여한 표정이 문제가 되고 있다. 분명히 일면적이고 겉으로 드러난 모습에 따르면서도, 전적으로 강요된 듯한 표정 말이다.

여기서 문제가 되는 마돈나상들, 성 가족[34]상들, 다른 구성 요소들 중 일부는 순박하게도 통속적인 데까지 이른다. 다만 여기서는 라파엘로가 완성한, 고상한 선 감각, 단순한 표현법이 막 시작되고 있을 뿐이다. 가령 이전의 마돈나상들에서 보이던 피렌체의 가정을 연상시키는 모습은 이 작품들에서는 그저 여운으로만 느껴질 뿐이다. —— 가장 중요한 작품들은 다시 외국에 있고, 이탈리아에 있는 작품들 중 밀라노의 개인 미술관들에 있는 작품들은 아직 보지 못한 것들이다. (밀라노 아라시엘Araciel가〔家〕의 마돈나, 성모 마리아, 아마도 저부조〔低浮彫〕의 마리아Vierge au bas-relief의 복제품, 초상화 등.) 이탈리아에 남아 있는 작품들 중에서 겨우 몇 안 되는 작품만이 원작으로 인정받는다. 대부분은 레오나르도의 고안과 생각에 바탕을 두고 제자들이 완성한 작품들이거나, 아니면 레오나르도 자신의 손으로 완성한 작품들을 본떠 그린 제자들의 복제품들로 간주된다.

이 제자들의 작품들 중 일부는 완전히 레오나르도의 형식과 동기로 채워졌는데, 이 제자들은 밀라노에서 스승을 따르고 있었다. 이곳에서는 맨 먼저 *베르나르디노 루이니*Bernardino Luini[35]와 *안드레아 살라이노*Andrea Salaino[36]를 가장 자주 볼 수 있다.

레오나르도 자신의 원작으로는 먼저 로마의 *성 오노프리오* 수도원 위층의 한 복도에 있는 마돈나 프레스코화 (1842년?)를 들 수 있다. 금빛 바탕 위에 그려진 이 그림은 기증자의 서명이 있는 작품이다. 이 작품은 많은 점에서 여전히 피렌체풍이 느껴져서, 로렌초 디 크레디의 제자[37]가 그린 작품임을 알게 해준다.

보르게제 미술관에 있다고 전해지는 한 점의 마돈나(?——그녀 옆에는 꽃이 꽂혀 있는 물병이 있다) 역시 초기의 작품으로 간주된다.

밀라노의 브레라 미술관에 있는 미완성의 마돈나 한 점만이 거장 자신의 손으로 그린 작품으로 간주된다.

　로마의 스키아라 궁전에 있는 〈공허함과 검소함〉은 모형을 만들어내는 방식이 현란한 것으로 보아 루이니가 직접 그렸음을 알 수 있는데, 그다지 아름답지는 않은, 평행적이면서도 오른쪽 시각을 기준으로 배치된 손들로 판단하건대, 적어도 이 부분의 배열은 레오나르도가 제작한 것이라고는 보기 힘들다. 그러나 인물들은 너무나도 아름답다.

　지극히 자아도취적인 표정을 짓고 있는 세례자 요한의 반신(半身)상(루브르 박물관 소장)에 대해 말하자면, 이탈리아에 있는 복제품 중 그 어느 것도, 심지어 밀라노에 있는 복제품조차도 가치 있는 분위기를 전해주지 못한다.

　반신들로만 그려진 그림 〈문필가들 사이에 있는 예수〉는 루이니가 그린 것으로 원작은 영국에 있고, 훌륭한 복제품 한 점이 로마의 스파다 궁전에 있다. 논리 위에 논리의 승리를 표현해내는 데는 무능함을 보인 이 작품은 대신 무언가에 사로잡혀 있고 세속적인 것에 대한 천상의 순수함과 아름다움의 승리를 보여준다. 여기서 세속적인 것은 그저 몇 안 되는 반신의 인물들로 제한되어 있고, 그나마 이들은 전면에 부각되어 있는 주요 인물과는 아무런 상관이 없는 모습이다. (그 밖에 거대한 신전의 홀 안에는 그 수가 많다는 것을 아주 거친 방식으로 보여주는 한 무리의 군중들 사이에서 길을 잃은 한 아이가 눈에 떤다.)

축복을 주는 작은 예수상은 아마 진작에 살라이노가 완성한 것으로 보르게제 미술관에 있는데, 거장이 스스로 생각해낸 작품처럼 보인다.

마리아가 무릎 위의 자기 아이들을 향해 몸을 숙이고 앉아 있는 모습의 성 안나를 그린 유명한 그림에 대해 말하자면, 심지어 루브르에 있는 작품조차 제자의 손으로 그려진 것이다. 우피치 미술관에 소장되어 있는 살라이노가 그린 좀 더 작은 성 안나의 그림은 표정이 너무도 애교 띤 모습이어서 마치 스승의 작품처럼 보이는데, 어쨌든 그래도 그 제자가 커다란 애정을 품고 그린 듯하고, 더구나 이 그림은 레오나르도의 제자들이 그림을 그리는 데서나 모형을 만들어내는 데서 얼마나 철저하게 스승의 밑그림에 의존하고 있었는지를 더욱 분명하게 보여주는 작품이다.

레오나르도의 원작으로는 우피치 미술관에 있는, 〈왕들의 기도〉라는 작품을 위해 갈색으로 기초 색칠한 그림이 있다. 대상이 꽉 채워진 것도 있고, 또 일부는 그저 최초의 도안 형태만 띤 것도 있는데, 중요한 것은 앞에 무릎을 꿇고 있는 사람들의 형식적 예배와 뒤에서 밀고 들어오는 사람들의 열정적 예배가 대조를 이루고 있다는 점이다. 엄격하고 큰 규모의 토대 위에서의 삶이 꽉 채워진 모습이다.

레오나르도가 자신의 동시대인들에게 가장 강력한 영향을

주었던 작품, 즉 1503년과 1504년 사이에 (피렌체의 베키오 궁전에 있는 큰 홀에 둘) 앙기아리 근처의 전투 장면을 그린 소묘는 동판화 속의 유일한 집단에 대한 기억만을 전해줄 뿐이다.

결국 레오나르도는 1499년 이전 밀라노에서 성 마리아 델레 그라치에의 수도원 식당에서 세계적으로 유명한 〈최후의 만찬〉을 완성했다. (채광이 가장 좋은 시간대는 정오경?) 이미 16세기 초부터 보존 상태가 나빠지기 시작한 유일한 원인은 레오나르도가 그 작품을 벽 위에 유화로 그렸기 때문이다. (반면 맞은편에 있는 2류급의 나이든 밀라노 화가 몬토리아노Montoriano[38]의 프레스코화는 아주 잘 보존되어 있다.) 게다가 지난 세기[39]에는 이 작품에 부끄러운 덧칠을 함으로써 나빠진 상태를 더 부추겼다. 그러나 최근의 보고들에 따르면, 이 작품에서 잘 보존된 원래 상태의 부분들을 따로 떼낼 수 있다는 희망적인 관측들이 대두되고 있다.── 이러한 사정으로, 이전의 복제품들은 특별한 가치를 지닌다. (이 복제품들은 밀라노 부근에서 주로 많이 발견되는데, 가령 암브로시아나에도 한 점이 있고, 파르마 미술관에 있는 것으로 아랄디Araldi[40]가 과거의 롬바르디아풍으로 변안해서 만든 작품도 있다.) 여기저기(특히 바이마르)에 산재해 있는 원작 안의 개별 인물들에 대한 레오나르도의 기초 도안들 중 브레라 미술관에 있는 예수의 얼굴은 의심의 여지없는 진품으로 간주된다.── 비록 많이 손상되긴 했지만 이 작품은 모르겐Morghen[41]의 판화나 보시Bossi[42]의 모방화(模倣

畵)에서 나온 것이 아님을 확인시켜준다. 아직 사라지지 않고 일부 남아 있는 이 작품의 빛과 색의 일반적인 분위기를 제외하면, 사람들은 이 작품 안의 인물들을 고안한 준거 틀과 장소의 특색, 채광 정도를 알게 될 것이고, 더 나아가 아마 그 어떤 것으로도 대체할 수 없는 독창적인 빛이 이 작품 전체를 비추고 있음을 발견하게 될 것이다.

최후의 만찬이라는 이름 아래 주로 수도원 식당의 벽화라는 형식을 빌려 기독교 예술로 표현된 이 장면은 크게 두 개의 전혀 다른 동기를 갖는다. 또 그 두 동기는 예로부터 각각 위대한 거장들이 다루어왔다. 하나는 성찬식을 행하는 장면이다(독특한 예는 시뇨렐리에게서 찾아볼 수 있다). 또 다른 동기는 "너희 중 한 사람"이다. 예수는 제자들 중 한 사람이 반드시 배반할 것이라고 말했다. 여기서도 다시 문서에 적혀 있는 말들을 따라, 한 입의 적신 빵을 동시에 잡음으로써 배반자를 알아차릴 수 있도록 하는 행위(마치 성 살비 수도원의 안드레아 델 사르토Andrea del Sarto[43]에게서처럼)나, 아니면 예수의 단순히 고통스러운 말이 (그림 소재를 위한) 결정적 동기가 될 수 있다. 이 마지막 동기가 바로 레오나르도에게서 나타난다.── 말 한마디가 앉아 있는 회중에게 미치는 영향을 염두에 두었을 때, 예술에 일찍이 이 대상보다 더 심각한 영향을 미치는 대상은 거의 없었다. 단 하나의 빛이 열두 개의 반사를 가져온 셈이다. 그러나 만일 그 열두 제자들이 열정적인 감동을 받고 더 많은 집단과 더 큰 규모의 극적인 대립들을 만들어내기 위해 그들의 자리를 떠났다면, 그 정신적 내용이 승리를 거두었을까? 중요한 사안, 즉 그저 앉아만 있거나 말할 수만 있을 뿐인 주요 인물의 지배력은 나머지 인물들의 행위와 더불어 사라질 수밖에 없었을 것이다. 심지어 밝은 흉벽(胸壁)처럼 인물들의 가슴 부위를 가르고 있는, 보자기가 덮여 있는 식탁조차 커다란 이점으로 작용한다. 열두 제자들을 감동시키고 있는 바로 그것은 본질적으로는 이미 상체에 다 표현되어 있다. 전체 배열, 식탁과 거실의 선들에서 레오나르도는 그의 선임자들처럼 의도적으로 대칭 구조를 견지한다. 그러나 그는 따로 떨어진 주요 인물들 양편에서, 또 그 각각에서는 세 사람이 한 조로 두 집단씩 이루도록 만든 전체의 고차원적인 구성 양식을 통해 자신의 선임자들을 능가하고 있다.

모든 방식에서 제한적인 것이 완전히 무조건적인 것, 필연적인 것으로 보이도록 만든 것 자체가 바로 이 작품에서는 일종의 신적(神的)인 것이다. 여기서는 매우 강력한 정신이 자신의 모든 귀중한 것을 우리 앞에 열어 보이면서, 각각의 표현과 육체적 조형의 각 단계를 경이로울만치 균형을 이루는 원칙들 안에서 하나의 조화로 통일시킨다. 괴테는 그 정신적 내용을 최종적으로 분석해냈다. 이들은 도대체 어떤 종류의 인간들인가! 가장 고상한 것에서부터 무언가에 사로잡혀 있는 것까지 포괄하는 이들은 모든 남성의 전형이자 완성된 예술의 장자(長子)이다. 그리고 다시 회화적인 측면에서 보았을 때, 이 모든 것은 새롭고 강력하며, 외형적 동기이고, 압축된 것이며, 대조이다. 그저 〔등장인물들의〕 손만 보더라도, 그것은 마치 모든 회화가 이전까지 꿈속에 잠겨 있다가 비로소 새롭게 깨어난 것처럼 보인다.

3. 미켈란젤로 부오나로티

  건축과 조각에서 운명적 인간이었던 *미켈란젤로 부오나로티Michelangelo Buonarroti*(1474~1563)는 회화에서도 그러하다. 그는 자신을 우선 조각가로 간주했다. 자신이 지은 소네트44 중 한 작품에서 시스티나 성당의 천장 벽화와 관련해 그는 다음과 같이 말하고 있다. "나는…화가가 아닙니다essendo…io non pittore." 그가 갖고 있던 이상적 세계를 표현하기 위해서는 조각보다 회화가 비교할 수 없을 정도로 훨씬 다양한 수단을 보장해주었기 때문에, 그는 회화를 결코 포기할 수가 없었다. 오늘날 일반적인 현상은, 조각의 측면에서 미켈란젤로에게 접근했을 때 어려움을 느끼는 사람은 언제나 회화의 측면에서 다시 그에 대한 접근의 통로를 발견한다는 것이다.

  그가 형식들을 어떻게 만들어냈고, 그로써 전체적으로 무엇을 원했던가에 대해서는 앞서 조각에 대한 부분에서 암시되었다. 회화에서는 좀더 독특한 관점들이 관찰된다. 미켈란젤로는 비록 기를란다요Domenico Ghirlandajo[45]파에서 붓을 사용하는 방법을 배우기는 했지만, 자신의 생각 안에서는 모든 선례를 없애버렸다.[46] 그에게는 어떤 기존의 예배 의식, 지금까지의 교회에서 보이는 전형적 모습, 어떤 다른 인간이 느끼는 방식에 입장을 밝히거나 그것을 통해서 자신이 그에 구속되어 있다고 느끼는 일이 아주 낯설게 느껴졌다. 중세의 교회 예술 전통의 거대한 유산은 그에게는 존재하지 않은 셈이다. 그는 인간을 새로이, 그 자체로 이미 악마적인 효과를 발휘하는 매우 웅장한 육체적 모습으로 만들어냈으며, 이 인물들에게서 현세적이면서도 신적인 새로운 세계를 창조했다. 이 형상들은 이전의 모든 시기와 다른 한 세대로 표현되고 움직인다. 15세기 화가들이 특징적인 것으로 부르던 것이 이 인물들에게서는 전혀 발견되지 않는데, 왜냐하면 이들이 스스로 전체 종족으로서, 즉 민족으로 등장하고 있기 때문이다. 개성적인 것이 요구되는 곳에서는, 그 개성적인 것이 이상적으로 창조된 것으로, 즉 초인간적인 힘으로 나타난다. 인간의 육체와 얼굴의 아름다움도 그러한 웅대함의 그늘에 가려진 모습으로 나타날 뿐이다. 그 거장에게서 중요한 문제는, 자신의 인물들이 매력적인 만큼 최상의 삶을 표현할 능력을 갖고 있다는 것이다.

이 작품들의 영역에서 멀리 떨어져 한숨을 돌린다면, 사람들은 또한 그 작품들에서 무엇이 결여되어 있고, 왜 사람들은 그 작품들과 함께 또는 그 작품들 아래에서 살아갈 수 없는지 고백할 수 있을 것이다. 예술적으로 아주 멋지게 꾸밀 수 있는 존재의 거대한 부분들이 미켈란젤로에게는 닫힌 채 남아 있다. 가장 아름다운 영혼의 모든 영감(그것들을 일일이 열거하기보다는 라파엘로를 지적하는 것으로 충분할 것이다)을 그는 옆으로 제쳐놓았다. 우리의 생을 값지게 만드는 모든 것이 그의 작품 세계 안에서는 아주 드물게 나타난다. 그가 이상적이라고 간주한 형식을 만들어내는 것도 고상하고 아름다운 것으로 단순화된 자연스러움보다는 오히려 일정한 측면들을 향해 물질적으로 강화된 자연스러움을 보여준다. 아무리 고차원의 관계라 하더라도, 또 어떤 힘을 표현하더라도, 그것들이 일정한 어깨의 넓이, 목의 길이, 그 밖의 다른 모양들이 자의적이고 경우에 따라서는 기괴하기까지 하다는 사실을 망각하도록 하지는 않는다. 물론 그 작품들 자체를 눈앞에서 보았을 때, 사람들은 언제나 나머지 다른 모든 예술에 주었던 것과 같은 고유의 권리와 법칙을 미켈란젤로에게 인정해주고 싶은 유혹에 빠지곤 한다. 그의 생각들과 그 생각들의 배열의 위대함, 그가 외형적 삶에서 생각할 수 있는 모든 동기를 불러들이도록 만들어준 자유로운 창작력 등은 아리오스트Ariost[47]의 다음과 같은 말을 이해할 수 있도록 해준다. 죽을 수 있는 신의 천사보다도 더 〔위대〕한 마이클〔미켈란젤로〕.

그의 최초의 위대한 작품, 즉 레오나르도와 경쟁하는 가운데 베키오 궁전을 위해 창작했던 소묘는── 앙기아리 전투의 장면들과 마찬가지로── 결핍된 기억의 형태로만 우리 시대에 전해져올 뿐이다. 바치오 반디넬리Baccio Bandinelli[48]가 이 작품을 질투심에서 갈갈이 찢었던 것이다.

미켈란젤로는 전성기에 바티칸 〈시스티나 성당의 천장 벽화〉 그리기에 착수했다(대략 1508년에서 1511년까지. 이 기간 동안 미켈란젤로가 전적으로 손수 한 작업에는 22개월의 시간이 걸렸다). (가장 채광이 좋은 시간대는 10시에서 12시.) 그 임무는 〈구약성서〉에 나오는 장면과 인물들을, 본질적으로 구약에서의 신에 의한 약속과 관련하여 표현하는 것이었다. 그는 이 내용을 네 단계, 즉 역사 이야기, 개별 역사적 인물, 휴식을 취하는 집단, 그리고 구성 양식상 활동하는 인물들로 각각 나누었다. 그는 단지 이상적으로가 아니라 시점에 따라 규정된 공간 안에서 생생함을 요구하는 역사 부분을 둥근 천장의 가운데 면에 배치했다. (단, 공간상 3면으로 된 부분에 그려진, 이스라엘 민족의 기적적인 구출을 표현하고 있는 네 개의 성당 모서리 그림들은 예외이다. 뻔뻔스러운 뱀 이야기, 골리앗 이야기, 유디트 이야기, 에스더 이야기가 각각 그것들이다. 개별적인 것, 특히 유디트 장면에서의 개별적인 것들이 멋지게 고안되어 그려졌지만, 또 그만큼 이 장면들에서의 시각은 역사적이고 공간적인 면에서 그다지 정통하지는 못함을 보여준다.)── 예언자들과 예언녀들은 자신들을 동반하고 있는 수호신과 함께 둥근 천장의 아래로 굽어 있는 부분에 자리잡고 있다.── 예수의 선조 무리 중 일부는 둥근 천장과 창문이 만나는 지점에, 또 일부는 창문을 둘러싸고 있는 현월창(弦月窓, Lünette)에 그려져 있다. 이 모든 부분은 전체적으로 하나의 이상적인 공간 감각에 따라 구성되어 있다.── 미켈란젤로는 마지막으로 이미 '이 건축물의 살아 있는, 개인적으로 되어버린 힘들'로 아주 적절하게 불리는 인물들을 그 전체 유기적인 조화를 감안하여 그들이 필요하다고 여기는 방식과 장소에 항상 그렇게 또 항상 그 자리에 등장시키고 있다. 예언자와 예언녀들 사이에는 비문판을 높이 쳐들고 그 판들을 머리로 떠받치고 있는, 자연색으로 그려진 건강한 어린아이 그림들이 있다. 예언자들과 예언녀들의 왕좌의 양 측면 기둥 주변에는 각각 두 명의 벌거벗은 어린이, 소년, 소녀가 조각을 모방한 듯한 돌 색깔로 그려져 있는 모습이 보인다. 둥근 천장과 창문이 만나는 지점의 윗부분에는 구리색으로 그려진, 누워 있거나 비스듬히 기대고 있는 체격이 늠름한 인물들이 둥근 천장의 벽판(壁板)을 장식하고 있다. 이 인물들은 각각 두 사람씩 짝을 지어 거의 대칭적으로 배열되어 있어 전체적으로 아주 엄격하게 구성에 신경을 쓰고 있음을 엿볼 수 있다. 양 측면에서 벽 윗부분에 수평으로 돌린 장식적 돌출부들이 서로 가까이 있고 중간에 있는 일련의 그림들을 위한 공간이 마련된 지점의 주각(柱脚)들 위에는 자연적인 색으로 그려진 나체의 남자들이 앉아 있다. 그들은 각각 두 사람씩 끈을 가지고 있는데, 그 끈에는 두 사람 사이에 있는, 청동색 부조 메달이 고정되어 있다. 몇몇 사람들은 풍부한 낙엽과 열매들에 휘감겨 있다. 그들의 자세는 아주 자유롭고 가벼워 보인다. 그들은 아무것도 걸치고 있지 않은데, 그 이유는 그곳에는 이상적인 계획에 따라 더 이상 입을 것도 없고, 또 구성적인 힘들이 완전히 감각적으로 묘사되기보다는 시적으로 상징화되어야 하기 때문이다. (아마 머리와 머리를 서로 떠받치고 있는 여상주(女像柱)와 인상주(人像柱)가 감각적인 묘사일지도 모르겠다.) 앉아 있는 이 인물들은, 따로 떼어놓고 관찰했을 때 너무도 장려하여, 사람들은 그들을 미켈란젤로가 이 공간에서 가장 좋아했던 작업 대상이었을 것이라고 간주하고 싶은 유혹을 느끼게 된다. 그러나 나머지 것들을 둘러보면, 그들이 단지 기본 구조물에 속하는 것임을 곧 알게 된다.

둥근 천장의 중앙부를 따라 펼쳐지는 네 개의 큰 사각면과 다섯 개의 작은 사각면 안에는 *천지 창조의 이야기*가 표현되어 있다. 먼저 모든 예술가 중에서 미켈란젤로는 그 창조 행위를 하느님이 강복(降福)의 몸짓을 보이면서 하는 단순한 말이 아니라 움직임으로 포착했다. 따라서 개별적 창조 행위들을 위해 전적으로 새로운 동기들이 산출된다. 거대한 인물이 같은 외투로 감싼 수호신들의 호위를 받으며 저편으로 우아하게 비상한다. 그 비상의 속도는 같은 그림 하나가 두 개의 창조(태양과 달의 창조와 식물들의 창조) 행위를 통일시킬 수 있을 만큼 빠르다. 그러나 그 창조(와 미켈란젤로)의 최고의 순간은 아담의 탄생이다. 그 전지전능한 존재는 신적인 개별적 힘의 무리에서 그 힘을 지니고 있든, 그 힘에 실려서든 이리저리 흐르다가 지상에 가까이 다가가 집게손가락에서 생명의 섬광을, 절반 정도의 생명을 부여받은 최초의 인간의 집게손가락 안으로 흘러 들어가도록 한다. 예술의 전 영역에서 초감각적인 것이 매우 분명하고 명백한 감각적인 한 순간 안으로 그만큼 천재적으로 전달된 예는 일찍이 없었다. 아담의 모습 또한 인류의 가장 가치 있는 원형이다.

이후의 예술 전 영역은 이러한 하느님 아버지에 대한 관념에 지배당하고 있는 것으로 느꼈지만, 실제로는 그러한 관념에 완전히 이르지 못했다. 그러한 관념을 가장 깊이 이해한 사람은 바로 (발코니에 그린 최초의 그림들에서의) 라파엘로였다.

그 다음으로 이어지는 최초의 인간들의 삶을 그린 장면들은, 그들이 스스로 최초의 인류의 생존 모습을 단순하게 표현하고 있는 만큼 그럴수록 더 웅장해 보인다. 〈죄악과 벌〉은 감동적인 동시성을 가지고 하나의 그림 안에 통일되어 있다. 죄악 부분에서 이브는 그 거장이 무궁무진한 아름다움을 얼마나 훌륭하게 처리해나가는지 잘 보여준다. 몇 안 되는 인물들로 구성되어 있는 〈노아의 만취〉는 이를 수 있는 모든 것의 정점에 서 있다. 〈노아의 홍수〉는 비록 나머지 그림들과 그렇게 멋진 대조를 이루는 것은 아니지만, 경탄을 자아낼 만한 개별 동기들을 풍부히 가지고 있다.

이 공간에서 가장 큰 인물들인 *예언자*와 *예언녀*들은 좀더 시간을 들여 연구하는 것이 필요하다. 그들은 모두 결코 그 중 몇 사람의 입을 통해 제압적으로 발설되는 그러한 공평무사함으로 고안된 것은 아니다. 여기서의 [미켈란젤로의] 과제는 열두 존재를 시간과 세계 위에서 좀더 고차원적인 영감을 담아 표현함으로써 초인간적인 것으로 승화시키는 것이었다. 그들에 대한 회화적 표현의 웅대함만으로는 만족스럽지 못했다. 최고로 정신적이고 동시에 외형적으로 가시적인 종류의 분위기가 그때마다 바뀌는 동기들이 필요했던 것이다. 아마도 바로 이 점이 이 예술의 힘들을 능가한 듯하다.── 모든 인물 곁에 딸려 있는 각각 두 명의 수호신들은 가령 영감의 원천과 자극이 아니라, 종복이자 안내자로 표현된다. 이 수호신들은 자신의 존재로 인물들을 격상시켜 이들을 초지상적인 존재로 나타낸다. 수호신은 대체로 이 인물들에 의존하여 묘사되고 있다.── 비교할 수 없을 정도로 화려하게 묘사된 것은 고통으로 일그러진 예레미아이다. 아니면 독서할 때 가장 강력한 내적인 자극에 사로잡혀 있는 요엘이나, 마치 꿈에서 깨어난 듯한 이사야, 강직한 삶을 다시 획득한 것으로 묘사된 요나, 이미 자신의 예언이 자기 눈앞에서 실현되고 있는 것으로 보고 있는 듯한 예언녀 델피카도 잘 표현되어 있다. 특히 이 예언녀는 거장이 그린 모든 인물 중에서도 웅장함과 아름다움이 최상의 하나로 통일되어 표현된다.── 내적인 의미를 제외한다면, 의도적인 (동양적) 뉘앙스를 통해 사도들의 이상적 복장과 구별되는, 너무도 아름답게 물결치면서 걸쳐진, 위치와 운동이 완벽하게 일치하는, 그럼으로써 모든 주름이 그 자체로 (아마도 곳곳에서 의도적으로 계산된?) 인과성을 갖는 긴 겉옷은 아주 정확하고 주의 깊게 관찰될 필요가 있다.── (어느 정도 흐릿한 담홍색의 색조들은 미켈란젤로에게 아주 특징적인데, 이 현상은 다음에서 다룰 그의 유일한 판화에서도 다시 나타난다.)

예수의 선조 중에 현월창 위에 있는 인물들은 가장 적절하지 못한 장소에서 기념비적으로 취급되면서 소박한 탁월함을 보여준다. 대부분의 예수의 선조들처럼 그들 역시 단순히 신적인 후손들과의 관계 속에서 역사와 무관하게 존재하고, 그 때문에 조용하고 누적된 기다림의 표현을 보여준다. 이미 여기서는 경이로울 만큼 아름다운 단순한 가족 장면이 몇 편 등장한다.── 이 점에서 삼각의 궁형 부분에서의 개별적 표현들은 아마 매우 특이한 것일지 모른다. 즉, 지상에 앉아 있는 아이들을 가진 이 부모 사이에서는 가장 우선하는 동기

이상의 것이 발견된다. 비록 그 표현이 결코 내면성이나 그 밖의 어떤 적극적인 감정에 이르지는 못했지만 말이다.

이 작품은 교황 율리우스 2세의 후원으로 이루어졌다. 재촉하고 관용을 베풂으로써, 싸우기도 하고 또 선량한 성품을 보임으로써 그는 그 누구도 미켈란젤로에게서 얻어낼 수 없었을 바로 그러한 것을 얻어냈던 것이다. 그의 기억은 예술 안에서 매우 축복받은 것으로 남아 있다.

수십 년 후(1534~1541)에 미켈란젤로는 교황 바울 3세 아래에서 시스티나 성당의 뒷벽에 《최후의 심판》을 그렸다.

우선 사람들은 이러한 동기를 표현하는 것이 도대체 가능하고 이를 바람직한 것으로 간주할 수 있는지의 여부를 분명히 알아야 한다. 그런 다음 사람들은 즉각적인 충격, 즉 가령 (마틴적 기교로) 정제된 빛의 효과를 거치지 않고 상상력을 붙잡는 어떤 (예술적) 표현을 인정할 수 있는지의 여부도 분명히 알아야 한다. 왜냐하면 이미 프레스코로 작업한다는 것 자체가 이 점을 불가능하게 만들기 때문이다. 결국 사람들은 이러한 엄청난 (부분적으로 매우 손상된) 작품을 분류하는 방식이나 개별 동기들에 따라 정확하고 자세히 연구할 수 있는 물리적 힘을 소유하고 있는지의 여부를 분명히 알아야 한다. 이 작품은 최초의 인상이 아니라 마지막 인상에 따라 평가되어야 할 것이다.

커다란 주요 결함은 우선 미켈란젤로의 저 깊은 본질 내부에서 나왔다. 그가 오래전에 교회에서의 전형, 종교적 정서의 공감이라고 불리는 것을 깨뜨렸기 때문에, 또 그가—— 어떤 종류이든—— 인간을 언제나 전적으로, 나체를 바로 그 외적인 표현에 속하는 고양된 물리적〔육체적〕힘으로 만들어 나갔기 때문에, 그에게서는 성스러운 것, 축복받은 것, 저주받은 것 사이에 인식할 수 있는 차이가 전혀 존재하지 않는다. 위쪽 집단의 그림들이 아래쪽 집단의 그림들보다 더 이상적이지 않고, 전자의 움직임들이 후자의 움직임들보다 더 고상하지도 않다. 같은 주제의 다른 그림들에서는 이미 그 대칭적 존재를 통해 주요 인물, 즉 심판자를 아주 돋보이게 해주는, 더 나아가 오르카냐Orcagna[49]와 피에솔레Fiesole[50]에게서처럼 그들 자신의 멋진 영혼을 표현하는 것으로써 심판자 주위로 정신적인 빛무리를 만들어주는 천사, 사도, 성인의 유유한 영광을 이 작품에서는 찾아볼 수가 없다. 미켈란젤로가 원했던 것처럼 나체의 인물들은 이러한 분위기를 전달하는 역할을 전혀 하지 못한다. 왜냐하면 그들은 표정, 행동, 전혀 다른 동기들의 변별적 층위들을 요구하기 때문이다. 적어도 이 거장은 이러한 것들을 본래 의도했다. 이 작품 안에는 사실 많은, 그리고 대단히 중대한 *시적인* 생각들이 있다. 고문용 기구들을 가지고 있는 위쪽 두 천사 집단 중 왼쪽 집단이 격렬히 몰려드는 그 자세에서 장엄함이 느껴진다. 위로 떠다니며 구제된 사람들에게서는 삶이 죽음에서부터 멋지게 솟아나온다. 부유하는 저주받은 이들도 두 무리로 나뉘는데, 그중 한 집단은 폭력과 싸우고 있는 천사들에 의해 뒤로 밀려나고 악마들에 의해서 아래로 갈갈이 찢김으로써 아주 거대한 악마적 장면을 연출해내고 있고, 또 다른 한 집단은 꺽쇠로 죄는 두 악령들에 의해 마치 무거운 물건이 위에서 짓누르는 것과 같은 깊은 비탄의 모습으로 표현된다. 한 악마가 막대기를 높이 쳐들고 가련한 영혼들을 작은 배 밖으로 쫓아내고 있고, 그래서 그들이 지옥의 종들에게서 환대받고 있는 모습을 담고 있는 이 작품 아래의 오른쪽 장면은 상당히 예리하게, 무언가 모호한 것에서 분명히 감각적인 과정으로 전화되고 있다.──이러한 시적인 내용이 자세한 관찰로 아주 의미심장한 것으로 드러난 만큼, *회화적* 관념들은 오히려 전체적으로 모든 것을 규정하는 힘으로 작용했다. 미켈란젤로는 순전히 인간적인 모습의 운동, 위치, 축약, 분류의 모든 가능성을 실현시킬 수 있다는 프로메테우스적 51 행운에 집착했다. 〈최후의 심판〉은 그 자체가 완결되지 않은 상태로 남아 있기 때문에 그러한 행운에 자유로이 집착하도록 보증해주는 유일한 장면이다. 회화적 관점에서 보았을 때, 미켈란젤로의 이 작품은 영원한 경이로움을 보장해준다. 이 그림에서 동기들을 개별적으로 열거하고자 하는 것은 어쩌면 쓸모없는 짓일 것이다. 이 거대한 구성에서 어떤 부분도 이 연관에서 소홀히 취급되지 않았다. 사람들은 어느 부분에서나 위치와 움직임의 이유와 양태에 대해서 질문하게 될 것이고, 그에 적절한 대답들을 얻게 될 것이다.

그것도 특히 고문 도구를 가지고 있는, 야만적으로 복수를 외치고 있는 심판자 주변의 무리가 상당한 혐오감을 불러일으킨다면, 또는 세계의 심판자가 다른 모든 이들, 그것도 무언가에 사로잡힌 사람들 중 한 사람과 같다면, 그렇다는 것이다. —— 어쨌든 그 모든 장면은 여전히 이 지구상에 유일한 것으로 남아 있다.[52]

파올리나 성당 근처에 있는 커다란 벽화 두 개, 즉 바울의 개종과 베드로의 십자가를 주제로 한 그림은 미켈란젤로의 말년의 작품인데, 화재로 인해 손상되어 알아보기가 매우 힘들어서 (가장 봐줄 만한 시간대는 오후?) 자국들로만 그림의 흔적을 알 수 있을 뿐이다. 첫 번째 그림에서는 어떤 억압적 힘에 눌려 있는 윗부분에 출현하는 예수의 표정이 있고, 무너져내린 바울은 그 거장이 가장 좋아했던 동기 중의 하나이다.

이젤을 받치고 그린 그림 중 미켈란젤로 자신이 직접 그린 것은 이미 알려진 대로 한 점도 없는데, 유일한 예외는 우피치 미술관의 중앙 홀에 있는, 초기에 그려진 성 가족의 원형(圓形) 그림이다. 인위적인 어려움(즉, 무릎을 꿇고 있는 마리아가 그녀 뒤에 앉아 있는 요셉의 무릎에서 어린아이를 받아 안아 올리고 있는 장면)은 완전히 극복되지 못했다. 이런 종류의 마음 상태로는 어떤 성 가족의 그림도 그려서는 안 될 것이다. 배경은 마

치 루카 시뇨렐리에게서처럼 자세한 묘사 없이 행동하는 인물들로 채워져 있다. 키가 작은 요한[53]은 이 장면을 조롱 섞인 표정으로 쳐다보며 돌로 된 흉벽을 지나가고 있다.

피렌체의 부오나로티 궁전 안에는 많은 스케치가 소장되어 있는데, 그중에 젖 먹이는 마돈나가 특히 아름답다.——〈최후의 심판〉을 위한 비교적 초기의 기초 그림.—— 아마도 미켈란젤로 자신이 시작했지만 잘못되거나 거친 밑그림 때문에 자신조차 채색하기가 대단히 힘들었을 성 가족의 거대한 그림.——밀라노의 브레라 미술관에는 애초에 라파엘로가 소장하던 (그리고 직접 서명했음에도 '미켈레 안젤로 보나로타 Michelle angelo bonarota'라고 적혀 있는), 이른바 신들의 활쏘기라는 뜻의 '일 *베르사글리오 데 데이il bersaglio de Dei*'라는 이름의 수채화가 있다. 이 작품에서는 나체의 인물들이 하늘에서 휙휙 소리내며 내려와 강렬한 열정으로 그들의 화살에 맞서 방패로 보호되고 있는 신의 주상(柱像)을 겨냥하고 있고, 아모르Amor[사랑의 신]는 그 옆에서 졸고 있다. 이는 이미 무릎 꿇고 있거나, 걸어가거나, 아니면 여전히 떠다니는 인물들을 비교할 수 없을 만큼 훌륭한 전체로 통일시켜 그린 멋진 무리이다. 라파엘로는 이 소재에 자극을 받아, 결국 제자 중 한 사람에게 이 소재를 프레스코화로, 그것도 정반대 측면에서부터 그리도록 했다. 어쨌든 이 그림은 이른바 라파엘로의 시골 저택에서 로마의 보르게제 궁전으로 옮겨진 세

개의 프레스코화 가운데 한 점이다.

4. 라파엘로

여기서 *라파엘로*에 대해 언급하는 것은 거의 쓸모없는 일처럼 보일 수 있다. 그는 여기저기에 많은 작품, 결코 잊을 수 없는 것, 즉 더 물을 필요조차 없고 직접적인 감흥을 일으키는 작품들을 남겨서, 그의 그림을 보는 사람은 모두 안내자 없이도 개의치 않고 지속적인 인상을 자기 안에 담아둘 수 있기 때문이다. 다음에 이어질 해석들도 단지 이러한 인상 뒤에 부분적으로 숨겨진 채 놓여 있는 조건들을 분명히 밝혀주는 데 도움을 줄 뿐이다.

라파엘로의 일생(1483~1520)에서 행운으로 간주되는 것은, 그로 봐서, 즉 아주 강하고 건전한 영혼의 입장에서 보았을 때, 자신이 소유한 그저 하나의 평범한 개성이었다. 다른 인간들은 같은 상황에서 자멸하는 것이 고작이었다. 그는 자기 아버지가 죽자(조반니 산티Giovanni Santi, 1494년 사망), 곧바로 피에로 페루지노파에 들어가 페루지노 밑에서 1504년까지 일했다. 그래서 그의 젊은 시절은 과장된 영혼을 표현한 그림과 거의 평범한 대칭 균형을 이루는 순수한 그림들로 가득하다. 페루지노파는, 만일 스케치와 구성의 다면성,

인간의 전체 모습에 대한 연구를 문제 삼는다면, 시대에 뒤떨어진, 그다지 발달하지 못한 화파(畵派)로 간주될 수 있다. 또한 심지어 당시 스승인 페루지노의 작품에서조차 내적이고 아름답다고 간주된 것이 수공업적인 복제로 표현되었다.── 문제는 라파엘로가 그 점을 전혀 알아차리지 못한 것 같다는 점이다. 기적을 믿는 어린아이의 심정으로 그는 페루지노의 (당시 이미 겉으로만 그렇게 보이던) 느낌의 방식에 빨려들어갔으며, 그 차가운 느낌을 주는 방식에다 생명과 온기를 불어넣었다. 그가 조수로 스승의 작품들 안에 그림을 그려넣은 곳에서 사람들은 페루지노 자신의 더 나았던 청년 시절의 특징들을 발견해냈다고 믿는다. 마치 그가 그렇게 그렸어야만 했던 것처럼 말이다.[54] 라파엘로 자신이 그린 초기 작품들도 사정은 마찬가지다. (바티칸 미술관에 있는) 〈*마리아의 대관식*〉에서는 페루지노의 그림풍이 무엇에 이르고자 했는가가 전면에 드러난다. 전혀 다르게, 아주 순수히 천상의 분위기를 자아내면서 라파엘로는 멋진 예배 모습, 아름다운 청년, 열광하는 노인 등을, 마치 스승이 했던 것처럼 표현해낸다! 물론 그가 이미 비교할 수 없을 만큼 순수하게 스케치하고 장식하고 있었다는 사실을 도외시한다면 말이다. 같은 미술관 안의 다른 홀에 있는 제단 배후를 장식할 작은 그림들은 이미 거의 피렌체풍의 자유로운 형식들과 이야기 전달 방식을 보여준다.── 1504년이라는 연도가 적혀 있는 (밀라노의 브레라 미술관에 있는) 〈마리아의 결혼식〉에서도 라파엘로는 자신이 속한 화파의 구성 방식을 훌쩍 넘어서고 있다. 완벽한 대칭 구조는 아름다운 대조들에 의해 회화적으로 지양되고 있다. 결혼식의 순간들, (막대기를 부러뜨리는 구혼자들의) 움직임의 순간들, 생생한 무리, 진지한 무리, 구성 양식상의 고상한 배경(이 배경으로 다른 페루지노파의 화가들, 가령 핀투리키오Bernardino Pintu-ricchio[55]는 어린아이 장난 같은 유희를 많이 보였다) 등은 전체로 이미 거의 순수한 조화로운 전체를 제시한다. (사람들은 여기서의 얼굴 표정들이 아마 몇몇 동판화에서보다도 덜 아름답다고 느낄 것이다.)── 페루지아의 콘네스타빌레 궁전에 있는 작은 〈마돈나〉상은 축소화에 해당하는 최초의 주옥 같은 작품들 중 하나로 원형으로 고안된 작품이며 페루지노파의 그 어떤 유사한 그림보다 더 아름답고 가벼운 자태를 나타낸다. 두 인물과 눈 덮인 산들로 구성된 매혹적인 봄의 경치를 그린 완벽한 마술적 분위기 앞에서 사람들은 다른 작품과 비교할 생각을 잊고 만다.[56] 사람들은 1504년 말경 라파엘로가 이 화파를 떠났을 때 그가 이 화파의 건전한 모든 측면을 자신 안에 완전히 받아들였을 뿐만 아니라, 이 화파의 독특한 정신을 다른 어떤 동료 제자들보다도 훨씬 더 순수하고 고차원적으로 자신의 작품들 안에 표현했다고 말할 수 있다.

그는 당시 이탈리아의 위대한 예술가들의 총집합 장소였

던 피렌체로 갔다. 가령 미켈란젤로와 레오나르도도 당시 그
들의 (지금은 소실된) 소묘에서 역사적 구성의 최고 경지를 창
조해내고 있었다. 당시는 예술이 들끓어오르기 시작한 위
대한 순간이었다. 이 사실을 제대로 이해하고자 하는 사람
은 피렌체의 성 스피리토 성당 왼편의 익당(翼堂), 그중에서
도 왼쪽 두 번째 제단에 있는 1505년이라고 적혀 있는, 관례
상 잉제뇨Ingegno[57]에게 맡겨져 있는 그림을 찾아나서면 될
것이다. 이 그림 안의 마돈나와 성인들에게서 우리는 다양한
화파의 너댓 명의 화가들과 장난기 섞인 조우를 하고 있다는
느낌을 받는다.

　라파엘로는 방심하지 않았다. 그는 아마도 피렌체의 화가
들 중에서 자신을 자기 방식에 맞게 가장 잘 격려해줄 수 있
는 인물을 곧 발견했다. 이 사람이 바로 위대한 프라 바르톨
로메오Fra Bartolommeo[58]로, 그는 이미 오래전 수년간 활동을
중단한 후 최근에야 새롭게 그림 그리는 작업을 다시 시작했
다. 프라 바르톨로메오 역시 대체적으로는 페루지아에 있던
화파와 유사한 작업, 즉 성화상(聖畵像)에 몰두하고 있었는
데, 이러한 종류의 그림들에서 풀리지 않던 부분을 바로 그
가 회화적으로 풀어내고 있었던 것이다. 그는 성인과 천사들
을 단순히 대칭적으로 나란히 또는 섞어서 세워둔 것이 아
니라, 그들에게서 진정한 무리를 만들어내어 대조를 통해서,
그리고 아주 멋진 육체적 전개를 통해서 그들에게 생명을 불

어 넣어주었다. 그가 라파엘로에게 미친 영향은 결정적이었다. 그들 사이의 대차 관계를 계산해보면, 우리는 아마도 라파엘로가 그에게서 엄격하면서도 매우 생생한 작품 구성 방식에 근본적으로 자극받았다는 빚을 지고 있다고 결론 내릴 수 있을 것이다. (그는 나중에 프라테Frate[59]에게 다시 같은 영향을 되돌려주게 된다.)

이러한 영향을 제일 먼저 표현한 것은 라파엘로가 페루지아에 있는 *성 세베로* 수도원의 한 성당을 장식한 프레스코화 안에서 확인된다. 구름을 왕좌 삼아 앉아 있는 성인들의 반원상을 한쪽으로 밀어내 그린 것은 이미 페루지노적 지평을 훨씬 넘어서고 있다. 이 작품 안에는 인물들과 그 위치의 단순한 변화만이 아니라, 더 고차원의 일치와 자유로운 숭고함도 담겨 있다. 상부의 페루지노풍의 천사들과 하부의 피렌체풍의 천사들 사이의 대조는 당시 이 예술가가 겪고 있었던 내적인 분열을 분명하게 말해준다.

(추측건대) 1504년에서 1506년 사이에 제작한 자신의 판화들에서 그는 초기의 양식으로부터 더 많은 것을 담아내고 있는데, 가령 나폴리의 왕궁 현월창 윗부분에 그려진 네 명의 성인들과 함께 있는 〈*마돈나와 마돈나 델 그란두카*Madonna del Granduca〉 등이 그 예들이다.[60] 이 마지막 작품에는 여전히 페루지노풍의 무딘, 무언가에 사로잡혀 있는 듯한 장식이 되어 있지만, 고상한 얼굴 표현에서나 어린아이의 멋진 배치

에서 이미 라파엘로 영혼의 강력한 힘이 나타나고 있기 때문에, 사람들은 나중의, 좀더 완벽한 마돈나를 이 작품보다 더 좋아하기가 어렵다.

로마의 카무치니 미술관에 있는 〈카네이션을 든 작은 마돈나〉는 이미 결정적으로 피렌체풍에다 더 동적으로 그려진 작품이다. 아마도 이는 하나의 새로운 방향으로의 첫걸음을 대변하는 그림일 것이다. 실내복을 입고 있는, 거의 세속적인 모습의, 아기 예수의 어머니가 여기서는 의도적으로 흐릿한 색채로 그려져 있다. 그 밖에 이 그림은 그 진실성을 전혀 의심할 수 없을 것 같은 분위기로 고안되었고 또 완성되었다. (같은 컬렉션에 속한 성녀들을 소재로 한 서로 붙은 두 개의 작은 판화들은 페루지노 시절에 완성된 라파엘로의 작품들이다.)

라파엘로는 1506년에서 1508년까지 피렌체에 두 번째로 체류했다. 이 기간에 그는 중요한 작품들을 풍성히 그려냈지만 대부분의 작품이 외국으로 빠져나갔다. 그러나 이탈리아에 남아 있는 작품들은 적어도 라파엘로의 내적인 발전을 알아볼 수 있는 단서를 충분히 제공한다.

이제 그를 관찰해보자. 프라테가 그에게 도움을 준 견고한 토대에서[61] 그는 가장 확실하게 자신에게 내적으로 적절한 것만을 취했다. 당시 대다수 피렌체인들의 주제였던 생활의 폭은, 그 자체가 최상의 것을 침해하지 않는 한에서, 라파엘로에게도 감동을 주었다. 그 최상의 것이란 곧 영혼의 표현과 그 자신 안에서 점차 확실한 형식으로 발전해가던 회화적 구성의 기본 원칙들을 말한다.

당시에 완성된 그의 마돈나 상들과 피렌체인들의 마돈나 상들을 비교해보자. 심지어 레오나르도의 마돈나 상들(루브르에 있는 〈암굴의 성모Vierge aux rochers〉, 〈천칭 위의 성모Vierge aux balances〉)조차 고상함이 좀 덜하게 고안된 것으로, 그 나머지는 생각하지 않고 오직 지상에서의 출발에만 사로잡혀 있는 것으로 입증된다. 라파엘로는 이미 사람들을 집단별로 나누는 구성 양식에서의 진지함을 통해, 더 나아가서는 그로 하여금 삶의 모든 우연한 특성으로부터 거리를 두게 해준 고상한 형식의 진솔함을 통해 이미 그들을 훨씬 앞지르고 있다. 이러한 그의 의도에 따라 라파엘로의 마돈나는 더 이상 피렌체인들에게서 보이는 것과 같은 아름다운 여성이나 한 어머니임을 자처하지 않는다. 그의 의도는 (순수한 성화상들을 제외하면) 피렌체인들의 의도보다 더 교화적(敎化的)이지는 않다. 그럼에도 불구하고 사람들이 최상의 것을 바로 그 교화적인 것에서 발견한다면, 이는 다른 이유 때문임이 틀림없다. 그 대답은 〈마돈나 델 카르델리노Madonna del Cardellino〉에 있다 (이 작품은 우피치 미술관의 중앙 홀에 있다. 그에 맞선 작품으로 전시된 〈마돈나 델 포초Madonna del pozzo〉는 네덜란드인이나 루카 주민이 라파엘로에 대한 기억을 더듬으며 작업한 것으로 보인다). 가장 단순히 생각해낼 수 있는 피라미드적 그룹이 되새 한 마리가 저편으로 날아가는 모습을 통해 적절히 생기를 찾고 있다. 사람들은 아마도 매혹적인 형식들과 순수한 표현 안에서 그 그림의 완전한 가치를 찾으려고 할 것이다. 그러나 만일 개별적 부분들의 형식과 채색에 예리하게 계산된 조화가 없었다면, 그 형식은 그다지 효과를 거두지 못했거나, 아니면 그 형식 자체가 사라졌을 것이다. 라파엘로에게서는 개별적인 것이 항상 강하고 직접적으로 효과를 발휘하기 때문에, 실제는 전체적인 것의 매력이 자기도 모르게 결정적인 것임에도 불구하고, 사람들은 개별적인 것 안에서 본질적인 것을 발견할 수 있다고 믿는다.

〈마돈나 델 카르델리노〉보다 더 고상한 단계는 루브르에 있는 잘 알려진 〈아름다운 정원사Belle Jardinière〉이다.

하나의 수수께끼는 피티 궁전에 있는 〈마돈나 델 발다키노Madonna del Baldacchino〉이다. 라파엘로는 이 작품을 완성하지 못한 채 로마로 여행을 떠났다. 나중에, 즉 그의 명성이 높아지면서 사람들이 그 그림에 새로 주목하기 시작했을 때, 누구에 의해서 그 작품이 완성되었는지 아는 사람은 아무도 없었다. 결국 코시모 3세의 아들이었던 페르디난드가 1700년경에 한 화가에게 주로 갈색 염료를 사용하여 외관을 완성하도록 했다. 마돈나에게 어린아이를 아주 멋지게 배치시킨 것 (가령, 손을 맞잡고 있는 모양), 프라테의 위대한 스타일로 나란히 세워진 왼쪽의 인물들(성 베드로와 성 베른하르트)은 분명 라파엘로의 것이다. 순례자의 지팡이를 들고 있는 오른쪽 성인의 상체 부분도 그가 그린 것 같다. 반면 오른쪽의 성 주교는 전혀 다른 사람의 손으로 구성된 듯하다. 왕좌의 계단에 있는 멋지게 즉흥적으로 완성된 두 개의 어린아이 상은 프라테나 라파엘로의 방식에 속한다. 위에 있는 두 천사 중 더 아름다운 천사 상은 로마의 성 마리아 델라 파체 성당의 프레스코화에서 빌려온 것이다. 바로 여기에서 드러난 사실은, 최초의 완성자가 어쨌든 1514년 후에야 비로소 문제의 그 그림(〈마돈나 델 발다키노〉)에 매달릴 수 있었다는 것이다.

라파엘로는 피렌체 시절의 그림에서 이미 우연한 것에서 특징적인 것을, 일시적인 것에서 영원한 것을 아는, 위대한 역사화가임이 드러났다. 아마 이 지점에서 라파엘로에 대한 레오나르도의 유일한 인식 가능한 영향이, 그의 관념에서뿐 아니라, 모형을 만들어내는 부지런함에서도 잘 엿보인다. 특히 이 부지런함은, 만약 전체적이고 완전한 인물이 문제가 된다면, 형식의 어떤 세부적인 부분에도 미치지 않은 곳이 없을 정도이다. 만일 우리가 첫 번째 피렌체 체재기에 완성한 작품으로 보이는, 피렌체 학원(작은 그림들이 있는 홀)에 있는 경건한 수사들의 매우 아름다운 두 얼굴을 제외한다면, 안젤로Angelo와 막달레나 도니Maddelena Doni를 그린 그림들(피티 궁전 소장)은 아마도 이 종류에 속하는 그의 알려진 가장 초기 작품들일 것이다(1505). 이 여자의 그림은 겉으로 보이는 모습들뿐 아니라 내부의 가장 깊은 핵심을 따라 보더라도 분명히 (루브르에 있는) 레오나르도의 〈지오콘다〉를 연상시킨다. 많은 것, 가령 손의 위치나 색도 아직 부자연스럽고, 오로지 그 인물의 특성에 대한 관념과 태도만이 무척이나 자연스러워 보인다. 모든 동시대인 중에서 레오나르도와 조르조네 정도만이 당시 그만큼의 가치 있는 것을 다시 창조해낼 수 있었을 것이다.

앞의 그림만큼 잘 그린 그림에 우피치 미술관 중앙 홀에는 같은 이름의 〈막달레나 도니〉가 있다. 뭔가에 고통스러워하는 나이 든 한 수녀를 그린 이 작품은 아마 더 이전에, 그러니까 라파엘로가 피렌체에 도착하자마자, 즉 그가 아직 페루지노풍으로 생각하고 지오콘다를 모르고 있었을 시절에 그려진 듯하다. 이 작품은 아주 멋지고 (가령 손들의 배치에서) 의미심장한 만큼, 진품이 아닐지도 모른다는 의심들은 거의 근거가 없는 듯하다. 어쨌든 같은 장소, 즉 우피치 미술관의 유명한 화가 컬렉션에 속한, 가벼우면서도 품위 있는 태도로 그려진 최고의 회화 작품이라고 할 수 있는 라파엘로 *자신의 〈자화상〉*(1506년작?)은 의심의 여지가 없는 진품이다.── 마지막으로 이 미술관은 (일리아데의 홀, N. 229라는 표시 아래) 피렌체의 전통 의상을 입고 있는 35세가량의 *한 여자* 그림도 소장하고 있는데, 이 그림은 라파엘로에게 헌정된 것으로 어쨌든 수준작에 속한다. 이 그림은 라파엘로 같은 인물은 되지 못한, 미래의 한 명암법의 대가가 그린 것으로 보인다. 또한 아마포와 문직(紋織) 표면은 가령 안드레아 델 사르토의 작업 방식을 연상시킨다. 그런데 이 작품에서는 경이로울 만큼 아름답고 성실하게 인물이 형상화되어 있는 반면 안드레아의 후기 작품들에서는 더 이상 그러한 점을 찾아볼 수 없다. 한쪽 손을 생략하는 것은 그만큼 더 많은 수업을 쌓은 라파엘로가 훨씬 더 잘 처리했을 것이다.── 얼굴의 인상은 사랑과 선량함으로 가득 찬 청년 시절의 모든 이야기를 전달해 준다.

라파엘로는 1507년 최초로 거대한 동적인 역사화를 그렸다. 그것은 로마의 보르게제 미술관에 있는 〈그리스도의 매장〉이라는 작품이다. 여기서는 모든 힘이 최고의 긴장 상태를 보이지만, 판에 박은 일정한 편견(가령 발의 배치)에서 아직 완전히 벗어나지 못한 모습이 드러난다. 또한 여기서는 하나의 종결된, 그럼으로써 기교에 가까워진 이상을 암시하는 개별적 얼굴 형식들도 보이는데, 이러한 한계를 라파엘로는 나중에 극복해야만 했다. 어쨌든 이 그림은 선(線)의 구성, 극적이면서 회화적인 대립, 표현의 강도에서 경탄할 만한 작품임에 틀림없다. 라파엘로를 다른 모든 동시대인보다 높이 평가하기 위해서는 그의 작품에 육체적 긴장과 영혼의 참여가 적절히 배합된 점을 추적해보는 것만으로도 충분하다. 예수의 시신은 그 형식과 축약에 있어서 완벽하게 고결하다.── 여

기에 덧붙여 제단, 즉 신앙과 사랑과 희망에 찬 인물들을 회
색 일색으로 초록색 대지 위에 둥글게 표현하면서, 양 옆에
는 각각 두 명의 천사 소년을 그린 제단 그림은 바티칸 미술
관에 있다. 이 그림은 외관상 그저 가벼운 스케치로 보이지
만, 그러나 이미 구성이나 몸짓에서 사람들이 더 이상 훌륭
한 것을 원할 필요가 없을 정도로 강한 인상이 담겨 있다. 여
기서는 가능한 한 적은 것으로 가능한 한 위대한 것이 표현
되고 있다. (현월창 윗부분에 그려진 천사들과 함께 있는 하느님 아버
지의 그림은 아직도 페루지아의 성 프란체스코 데 콘벤투알리 성당 안
에 있는데, 한때 전 작품은 이곳 아르피노Arpino[62]가 그린, 같은 작품
의 복제품 위가 아니라, 오른편의 제단 그림, 즉 오라치오 알파니Orazio
Alfani[63]의 예수 탄생 그림 위에 있었다.)

  바로 이 결정적인 작품과 함께 라파엘로는 오직 미켈란
젤로 옆에서 교황 율리우스 2세의 생각들을 매우 훌륭하
게 실천할 수 있는 인물로 권한을 인정받았다. 교황은 그
를 1508년 로마로 불러들였으며, 이곳에서 그는 자신의 짧
은 생애 중 남은 12년이라는 세월에 걸쳐 오직 도덕적 경이
라 불릴 만한, 도저히 믿기지 않을 정도로 풍부한 작품 활동
을 펼쳤다. 그 가운데 가장 위대한 것은 높은 천재성이 아니
라 강력한 의지력이었다. 높은 천재성은 그를 기교로부터 보
호해주지는 못했을 것이다. 그러나 강력한 의지력은 그를
성공한 후에도 결코 마음이 풀어지도록 하는 일이 없이, 오

히려 좀더 높은 표현 방식들을 향해 솟아오르도록 해주었다.──엄청난 양의 주문, 명성, 모든 것을 능가하는 작품에서의 아름다움은 곧 라파엘로 주변에 하나의 화파를 형성했다. 라파엘로는 후에 이 화파에 자신의 모든 거대한 작품 기획들을 내맡겨버렸다. 이들은 아주 다양한 기질들을 갖고 있던 사람들이었다. 그중 몇 안 되는 사람들은, 적어도 라파엘로라는 인물에게서 나온 강렬한 빛이 그들 위에 멈춰 있는 한, 그러한 기획들을 라파엘로의 정신을 따라 만들어나갔다. 라파엘로가 죽은 후에 그들이 곧 퇴조했다는 것은 다시 한번 그 이면, 즉 라파엘로 자신의 한때의 모습을 보여준다.

제3장

혁명 시대의 역사 서문

5. 혁명 시대

(114) 혁명 시대의 역사 서문

{I: 1867년 11월 6일.}[64] 다른 강의들과는 전혀 다른 성격의 이 강의는 매번 이 강의가 포괄하는 시대의 영향을 받는다. 이 강의는, 여전히 영향력을 발휘하고 있고 또 발휘하게 될 일의 시작에 대해, 즉 계속되는 발전 추이를 우리가 아직 알 수 없는 세계의 시대에 대해서 언급할 것이다. 지금 이 순간에도 사건이 계속 일어나고 있고, 결과가 나오고 있으며, 저 지평선에는 가까이든 멀리든 지금까지의 모든 것의 결과로 대규모 유럽 전쟁이 놓여 있다.

그 때문에 서술자 자신에게서 객관성은 이번이 그 어느 때보다도 더 의심스러워졌다. 그럼에도 불구하고 서술자는 자기가 내세우는 일반적인 입장의 이유를 분명히 밝혀야만 한다.

혁명의 각 단계를 모두 하나의 발전 단계로 인정하고 그것에 나름의 상대적 정당성을 부여하는 것으로 만족하고 마는, 판단하지 않으려는 태도는 얄팍하고 불충분한 것이다. 왜냐하면 첫째, 모든 것이 항상 필연적인 것은 아니며, 오히려 많은 것이 우연적이거나 개인의 잘못에서 비롯된 데다가, 둘째 기정 사실이나 성공을 인정하는 것과 같은 가장 나쁜 판단도 이른바 판단을 하지 않으려는 태도에 속하기 때문이다.

무엇보다도 혁명은, 이미 우리 자신을 완전히 규정하고 우리가 더 이상 우리 자신에게서 떼낼 수 없는 옳고 그름에 대한 우리의 감각과 양심의 많은 통합적 구성 요소들을 결정하는 결과들을 가져왔다.

그전 시대에는 귀족과 성직자가 비록 여기저기서 신분적 권력체로 조직되어 있긴 했어도 개인적인 기득권, 즉 면세 혜택, 고위 관직에 대한 배타적 권능, 양도나 상속 불능의 재산을 갖는 단체(교회나 수도원)나 장자상속세에 묶인 대토지 소유권을 갖고 있었고, 산업이 독점을 통해 정부에게 착취당하거나 가장 비합리적인 지경에 이르도록 처분당하는 일도 빈번했으며, 독점적 권리가 부여된 국가 종교들이 이교도인들에게 기껏해야 관용을 베풀면서 외형적으로는 힘이 닿는 한 신앙의 통일을 유지했던, 그러한 국가들이 있었다.

이에 반해 혁명의 결과들은 다음과 같다.

법 앞에서의 완전한 평등이 이루어졌고, 관직에 오를

능력, 과세, 상속 분배 등에서 다소간의 평등이 이룩되었다.── 토지 소유권은 완전히 또는 거의 완전히 유동적이 되었는데, 이유는 양도나 상속 불능의 재산을 갖는 단체와 장자상속세가 확연하게 감소되었기 때문이다.── 산업 활동의 자유도 이루어졌고, 국가가 산업에 간섭하는 것은 모두 해롭다는 것이 이론적으로 설득력을 갖게 되었다. 더불어 경제학도 엄청나게 발전했고, 이제는 국가가 산업에 조언을 구해야 할 정도가 되었다.── 봉급 성직자들을 갖는 신구 양교동권의 국가들이 등장하고, 국가의 무관심으로 인해 기독교뿐만이 아닌 모든 종교가 평등한 권리를 갖게 되었다. 더 나아가 국가와 교회가 점점 분리되어가는 추세이고, 국가가 교회에 대해 완전한 지배권을 행사하게 되었다.── 완전한 정치적 평등권이 시작 단계에 들어섰다. 더 발전된 민주주의 국가라고 할 수 있는 미국과 스위스의 예가 그렇다. 많은 지역에서 보통선거권이 추진되고 있다. 공동체적 균등화도 구축되어간다.

그런데 정말로 의문스러운 것은, 과연 이 세계가 그 때문에 평균적으로 더 행복해졌는가 하는 점이다. 행복을 구성하는 두 가지 요소는 현 상태 그 자체와 그에 대한 만족의 정도이다.

우리 시대의 주요 현상은 일시적인 것에 대한 감각이다. 모든 개인의 운명에서 불확실한 것에 이르기까지 하나의 집단적 생존 문제가 우리에게 다가온다. 그 문제의 요소들은 개별적으로, 그것도 혁명에서 야기된 새로운 결과와 경향들로서의 문제들의 특징들 안에서 따로 분리하여 고찰할 필요가 있다. 그것들은 다음과 같다.

a. 국가에 대한 새로운 개념

이것은 마치 (헤겔이 했던 것처럼!) 국가를 지상의 관습적인 것이 실현된 것으로 명명하는 철학적인 개념이 아니다. 관습적인 것을 실현하는 것은 국가가 하는 일이 아니라 사회가 하는 일이다. 국가는 그저 부정적인 바람막이일 뿐이다. 여기서 문제가 되는 것은 오히려 확장된 국가 권력의 범위에 대한 새로운 개념이다.

18세기에는 기득권에 대한 저항이 있을 때 전제군주적인 자의성이 지배적이었다. 그사이 온갖 종류의 특별한 인간들이 자리를 잡아나갔다.

그런 다음 혁명이 도래했다. 처음엔 모든 이상과 희망이 쏟아져나왔고, 다음엔 모든 열정과 자기 도취가 풀려나왔다. 혁명은 모든 전제주의의 영원한 전범이 될 전제주의를 (유산으로 남겼고 또) 행사했다. 그 과정에서 본질적인 것은 교회의 세속화(교회 재산의 국유화)였다. 이 일반적인 과정에는 또한 '조국이 위기에 처한' 시기에 벌어진 불법적인 중앙집권화도 한몫했다. 이러한 중앙집권화 현상은 물론 왕정 시기에도 있었으나, 혁명 이래로 일부는 외적에 대항한 방어 수단으로 또 일부는 모방을 통해서 비로소 완성되었다.

이때 평등 개념은 이중적인 의미를 갖는다. 우선 평등은 개인의 권능을 소멸시켜버린다. 왜냐하면 재산은 공공적인 성격을 가질수록 그것을 옹호해줄 개별적 변호인을 찾기가 더 힘들기 때문이다. 또한 국가의 전권과 독점적 복지에 길들여진 사람에게는 지방 분권 욕구가 더 이상 아무런 도움도 되지 않는다. 정부는 지방이나 도시에 또는 다른 개별 세력들에게 어떤 실제적 권력도 양도하지 않고, 오직 스스로 절대 해결할 수 없는 노고와 곤궁만을 넘겨준다. 정부는 이 일을 대체로 원하지도 않는다. 민족과 정부는 비록 자유에 대해 말들은 많이 하면서도 내부를 향한 무제한적인 국가 권력을 요구한다.

혁명은 대외적으로는 프랑스를, 먼저 세계를 정복하면서 자기 치유책을 찾는 상황으로, 그 다음엔 심각한 굴종을 겪은 후 순전히 요구와 탄핵만 가득한 상황으로 몰아넣었다. 이 요구와 탄핵들은 국내법과 국제법에 대한 의식이 완전히 사라지자 주기적으로 혁명이 발발하도록 했으며, 그 결과 다시 유럽이 위협받는 일이 발생했다.[65] 다른 국가들도 위협하는 방법을 터득하게 되었고, 정부와 민족들은 외부를 향해 강력해져야 한다는 점에 동의했다.

이러한 외교적 상황이 가져온 결과는, 군국주의가 헤아릴 수 없을 만큼 팽배해졌다는 것이다. 프리드리히 대왕 이래로 엄청난 상비군이 유지되고 있으며, 그것이 외부와 내부로 이용되고 있다. 거기에다 국가 채무가 엄청나게 불어났으며, 이는 그 밖의 영리 추구나 잘살고자 하는 욕구와 심각하게 대립됨을 보여준다. 사람들이 이를 위해 저지르는 일이 때로는 왕조나 내각에서의 자의적인 정책으로, 때로는 위대한 민족적 필연성으로 불린다.

왕조는 어디까지가 여전히 주인이고, 어디까지가 대중 운동의 지배인이거나 우편 집배원일까? 왕조는 다른 왕조를, 다급한 상황에 몰리면 심지어 자기 사촌들이나 그 밖의 친척들을 집어삼키거나 추방시켜버린다! 폐위된 군주들은 재산과 연금에 대한 자신의 요구를 내세우며 협상한다. 신적인 권리는 각 정부들의 감정에서 사라져버렸다. 그런데 하물며 어떻게 그러한 권리에 대한 믿음이 민중의 감정에 남아 있을 수 있겠는가? 눈에 보이지도 않는 이전 시대의 생존의 토대들, 정치적이고 종교적인 신비론들은 사라져버렸다. 왕조들은 더 이상 존재하지 않을 것이다. 왜냐하면 사람들은 오직 가외의 능력들만 요구할 것이기 때문이다. 과연 모방해 수용하는 것이 여기서 도움이 될까? 과거의 기득권층을 동정하는 것은 어리석은 짓이다. 반면 전 유럽이 특출한 개인이든, 모방적 수용이든 또는 다른 것이든 아무튼 어떤 유사한 것을 향해 흘러가는 경향이 있다. 그 과정에서 사람들은 더 이상 단한 번도 선택할 수 없을 것이다!

결국 민중은 만일 국가 권력이 그들의 수중에 있기만 하면 하나의 새로운 존재를 창출할 수 있다고 생각한다.

그사이 몇몇 지도자와 찬탈자 중에는 오랫동안 자발적으로 봉사하겠노라고 나서는 이들도 있다. 사람들은 이제 더 이상 원리가 아니라 주기적으로 등장할 구원자들을 믿는다. 지쳐버린 민중들에 대한 장기간의 독재에서 항상 하나의 새로운 가능성이 등장하게 마련이다.

b. 민족들에 대한 관계

혁명과 혁명 전쟁은 처음엔 프랑스 민족에게, 그 후에는 다른 민족들에게 그 행위에 대한 사랑과 증오를 불러일으켰다. 이러한 일은 분권화 현상과 국지적인 개별적 삶에서, 또는 민족이 이미 통일되어 있는 경우에는 예리한 민족적 자각에서 이루어졌다.

혈통과 언어에 따른 공동의 민족 형성은——프랑스 계몽주의와 연이은 프랑스 혁명이 걸핏하면 '인류'를 구호로 내세웠고, 또 그 옆에는 고귀해진 '세계 시민주의'가 존재했기 때문에—— 이미 오래전에 극복된 사안이라는 생각, 유럽적인 교육, 체험, 관심, 의지의 공유가 더 강력한 끈이라는 생각, 민족이 아니라 건전한 국가가 감정의 본향이고 주인이라는 생각이 [민족주의적인 사상에 반발하여] 제기될 수 있었다.

오직 의회 기능이 정지된 병든 상태에서만 사람들은 혈통과 언어를, 한 사람에게 그러한 의지가 생길 때까지 마치 견딜 수 없는 것을 구원해줄 치유책으로 끌어들인다. 그렇다고 그 때문에 상태가 이전보다 더 나아지리라는 보장도 없는데 말이다.

그렇지만 이미 권력이 존재하는 곳에서는 사람들을 결속하기 위한 또 다른 수단으로 민족이 이용된다. (또는 가령 이탈리아의 실지 회복주의자들처럼 하나의 혁명당이 민족 완성의 필요성을 상대방을 공략할 책략으로 이용하기도 한다.) 군주와 민중은 그 안에서 통일되고, 저항은 미움을 받는다. 사람들이 이미 소유하고 있는 낯선 구성 요소들은 억눌린다. 발트 해 연안 지역에 임박한 독일적 요소 제거는 러시아에서 인기를 얻고 있다.

혁명 이래로, 그사이 33년이라는 공백 기간에도 불구하고, 사람들은 있을 수 있는 모든 극단적인 변화에 이미 익숙해져 있다.

c. 여론

단순히 몇몇 계급들만이 아닌 전 민족과 전 시대에 걸쳐 정신적 흐름을 지배했던 역사상 잘 알려진 예로 십자군과 종교개혁이 있다. 그러나 혁명은 그러한 지배력을 전혀 다르게 행사한다. 혁명 이래로 그 지배력은 영구적이 되었다. 그 이래로 이곳에서는 유럽적 결속력이 지배하게 되었다. 물론 그 과정에서 편차는 엄청나지만, 그것들은 모든 연결 속도가 빨라질수록, 유럽의 교육과 신문 매체의 동질성이 증가할수록 더 전염성이 강해진다. 특히 신문은 모든 계급과 나라를 막론하고 아주 지배적인, 아니 어쩌면 거의 유일한 읽을거리이다. 1789년의 엄청난 경험, 즉 과거의 정치 권력이 그 흐름을 막아내기에는 너무 취약해졌을 때, 또는 그 정치 권력이 여론의 몇몇 흐름과 협상하기 시작했을 때 곧바로 얻은 경험은, 여론이 세상을 창조하고 변화시킨다는 것이었다.

더 고차원적인 모든 문제에서 오늘날 파벌 형성과 그에 따른 흑백 논리가 전 유럽 민족을 지배하고 있다. 여론, 즉 모든 민족의 열정은 사실상 거역할 수 없는 것이다.

그러나 오늘날 신문의 진정한 성공은 직접적인 영향보다도 여러 관점을 평준화한 데서 발견된다. 가장 큰 소리로 그리고 가장 요란하게 권고되고 요구되는 것은 종종 가장 적게 이루어진다. 왜냐하면 가끔씩 신문은 이미 사람들이 더 이상 듣지 않는다는 이유로 그렇게 시끄럽게 떠들기 때문이다. 반대파는 아마 일부가 어차피 어떤 신문도 읽지 않는 사람들로 이루어져 있을지 모른다. 그래서 지배자와 작은 정당들에 의해 공장에서 찍어낸 듯이 만들어낸 여론이나 주문된 신문 또는 그와 유사한 것들이 등장하는 것이다. 통치자들은 어쨌든 거의 두려움을 느끼지 않고, 아무런 영향도 미치지 못하는 신문의 가장 뻔뻔스러운 내용도 무시해버리며, 적어도 옛날 방식의 검열을 포기하고, 갑작스럽게 중간에 끼어드는 일을 자제한다. (그러나 혁명이 일어난 다음 통치자들은 다시 훨씬 더한 겁쟁이가 되었다. 여론은 오늘에서 내일로 이어지고 동네 골목길까지 내려와 퍼질 수도 있고 폭동으로 변할 수도 있다.) 통치자들은 그동안 신문에 맞설 다음과 같은 진정한 적수를 찾아냈다.

d. 상업과 교통

큰 전쟁들이 끝나자마자 영국의 예가 활개치게 되었다. 1815년 이래 대토지 소유가 완전히 물러나고 세계가 점점 산업화되었다. 기계 노동이 이전의 모든 기술을 훨씬 앞질렀다. 자본들이 창업에, 인간 대중들은 공장 가동에 집중되고 기계는 대농장 경영에도 이용된다. 끝으로 철도, 증기기선, 전보 등이 교통에 이용된다. 모든 상품이 멀리까지 여행할 수 있게 되었고, 유럽의 지역적 균등화가 이루어졌다. 해당 지역의 생산물을 직접 이용하는 것과 무관한 한, 생산에서의 지역적 특성은 모두 사라졌다. 그 밖에 무역, 투기, 증권을 통한 이윤도 등장했다. 돈이 사물을 재는 커다란 척도가 되고 있으며, 빈곤은 최대의 부덕이 되었다. 돈은 출생의 계승자이면서 출생보다 더 정당한 것인데, 무능력한 상속인에게는 돈이 더 이상 남아 있지 않기 때문이다.

물론 사람들이 정신과 교육을 중시하기는 한다. 그러나 유감스럽게도 문학은 대부분 하나의 산업이 되어버렸다. 18세기 문학은 우선 사람의 감정을 자극하는 어떤 것으로 자처하고 있었다. 오늘날에도 아주 적은 양의 문학이 내적인 필요에서 등장하기도 한다. 그러나 대부분은 자신의 존재 근거를 급료에 두거나 아니면 외적인 지위에 대한 희망에 둔다. 가장 유명한 작가들은 가장 손쉽게 공장 주인이 되어버린다. 학문에서도 그러하다. 엄청난 양의 연구를 할 때도 대중적 인기를 위한 급료를 대가로 받는 많은 저술이 가장 높은 자리를 차지한다.

성급함과 걱정이 삶을 망쳐나간다. 모든 것이 무한 경쟁 속에 최고의 신속성과 차이를 최소화시키기 위한 경쟁에 의존한다.

동시에 대도시의 영향으로 서둘러 부자가 되려는 열기, 즉 백만장자를 향한 열망이 들끓는다. 왜냐하면 이 또한 존재의 척도이기 때문이다. 그러한 열망을 표명하는 순진한 고백이 곳곳에서 들린다. '고상한 삶'은 겨우 힘들게 재정적으로 곤란함을 면할 정도까지 내몰렸다. 사람들은 부유함을 나타내는 최소한의 표식을 원하게 되었다. 온갖 종류의 사기는 이러한 현상이나 상태와 연결되어 있다.

어떤 심각한 시기가 오면 수많은 사상누각은 무너지게 마련이다. 1849년에서 1853년까지처럼 정착하지도 못한 상태에서 부유해질 수 있던 시기들은 가엾게도 비탄에 잠겨 있다. (그 후로는 1873년의 충돌과 그로 인한 결과들이 있다.) 만일 그 시기가 지속되었더라면 순수한 사기와 과잉 생산으로 가장 끔찍한 위기가 닥쳤을 것이다. 왜냐하면 그 경험은 사람들이 분수를 지켜야 함을 가르쳐주었기 때문이다. (그 후에 1871/72년이 발생했고 1873년이 그 벌을 받았다.)

이 모든 일이 다음과 같은 경우에 발생했다. 즉, 오늘날 부유한 영국 전역을 (그리고 그 이래로 다른 나라들 역시!) 공포로 몰아넣은, 항상 새롭게 찾아드는 일로 하층민들이 소요를 일으킬 때, 프랑스 혁명이 인류를, 특히 만족하지 못한 인간들을 타성화시켰던 것으로 모든 종류의 변화에 사람들이 완전히 무심해질 때, 머릿수로 결정하는 행위에 대한 법적인 경계를 사람들이 전혀 확신할 수 없을 때, 가장 어두운 구름이 드리워질 때 등이다. 어쨌든 이러한 사회 문제의 도래는 모든 약한 국가를 갈가리 찢어놓을 대규모의 대륙 전쟁으로 이어질 것이며 산업과 신용이 멈출 때 저절로 중지될 것이다. (이 일은 그러나 우리가 믿는 것과는 전혀 다르게 발생할 것이다. 프랑스는 1871년 파리코뮌으로 이미 그 일을 겪었다. 다른 곳에서는 이 병이 몸 안에 숨겨진 비밀의 병으로 남아 있다.)

여기서 중요한 것은 우리 세대가 그 시험을 어떻게 견뎌낼 것인가 하는 것이다. 잔혹하고 심각하게 비참한 시대가 도래할 수 있다. 우리는 대양에서 우리가 타고 있는 파도를 기꺼이 알고자 한다. 우리가 바로 그 파도 자체이기 때문이다.

그러나 아직까지 인류에게 몰락이 예정되어 있는 것은 아니다. 자연도 예전만큼이나 자비롭게 펼쳐질 것이다.

그러나 만일 이 비참한 시기에 그래도 일말의 행복이 있다면, 그것은 오직 정신적 행복일 수 있다. 그것도 뒤로는 이전 시대의 교육Bildung⁶⁶을 구하는 쪽으로, 앞으로는 완전히 물질에 매몰될지도 모르는 이 시대에 밝고 끈기 있게 이어지는 정신의 발현을 향해서 말이다.

{III: 1871년 11월 6일.} 이 강좌의 이름으로 먼저 기록되어야 할 것은 우리 시대에까지 이른 이 모든 것의 근본은 순전히 혁명 시대라는 것이다. 그리고 우리 자신은 아마도 상대적으로 아직 초기 단계에 있거나 아니면 제2막에 속해 있다. 왜냐하면 겉보기에 조용했던 1815년부터 1848년까지의 30년이라는 기간은 그저 더 큰 드라마의 간막극에 불과한 것으로 인식되어왔기 때문이다. 이 드라마는 이미 알려진 우리 지구상의 모든 과거와는 정반대되는 운동이 되길 원하는 것처럼 보인다.

물론 우리가 태어나고 또 어렸던 저 30년이라는 세월 속에서 사람들은 혁명이 그 자체로 객관적으로 서술될 수 있는 완결된 사건이라고 믿을 수 있었다. 사람들은 또한 실제로 그렇게 믿었고, 이러한 환상의 최정점은 옛것과 새것 사이를 입헌군주제의 형태 안에서 연결시킬 수 있다고 생각한 1830년의 정신이었다. 몇몇 '성과들'이, 물론 부분적으로는 그저 요청 사항으로서이긴 했지만, 점점 더 유럽을 관통하여 같은 모양으로 확산되어갔고, 그것은 결국 프랑스 혁명의 '은덕'으로 간주되었다. 그 성과란, 즉 법 앞에서의 평등, 납세와 상속 분배의 평등, 관직에 오를 수 있는 기회의 평등, ── 토지 소유의 유동성, 양도나 상속 불능의 재산을 갖는 단체와 장자상속세 감소, 더 많은 수익을 보장하는 농업 경작, 즉 일부에서 이루어진 〔산업 자본을 농업 경작에의〕 더 민첩한 활용, ── 산업 활동의 자유, 상업과 교통의 지배, 부동 자본이 유동 자본에 의해 추월당하는 현상과 부동 자본의 유동화 현상, ── 특히 여러 종파의 신자들이 모여 섞여 사는 국가들에서 피할 수 없게 되어버린 종파 간의 권리 균등화, 국가가 단계적이고 완전하게 교회를 지배하는 것, 그리고 국가와 교회의 분리 경향, ── 발생한 모든 사건에서의 여론의 강한 영향, 민족적인 모든 것을 넘어서는 여론의 범세계적 흐름, ── 현대의 신문.

당시에는, 비록 비당파적이지는 않았지만 공평무사함과 유유한 확신이 담긴 계획을 가지고 1789년에서 1815년까지의 기간에 대해 보편적 전망을 세우고자 했고, 그래서 비록 고전적이라고는 할 수 없지만 그래도 잘 씌어진 책들은 그 기간을 종결된 한 시대로 다루고 있는 것처럼 보였다.

그러나 이제 우리는 1789년 이래로 인류를 휘어잡은 바로 그 폭풍이 우리까지 계속 쓸어가고 있음을 알게 되었다. 우리는 선의로는 스스로 비당파성을 천명할 수 있지만, 무의식적으로는 어느 한 당파의 입장에 빠져 있을 수 있다.

어쨌든 1789년부터 1815년까지는 그 기간에 속하는 18세기 중반 이래의 준비 과정(계몽주의, 정부들에 의한 개혁의 시작)을 모두 포함하여 실제적으로 관찰해보면 일종의 종결된 전체를 이룬다. 이때 적어도 사실과 그를 위한 동기는 그런대로 분명하다.

만일 엄밀한 방법을 취하고자 한다면, 전반적으로 그리고 시작부터 역사는 순수한 인식을 위한 그저 매우 의심스러운 원천일 뿐인지도 모른다. 왜냐하면 최초의 기록들에서부터 이미 매번 현재에 대한 공감과 반감이 연결될 수 있기 때문이다. 사람들은 이미 고대 그리스사와 로마사에서, 또는 이집트와 아시리아를 동기로 하여 당파를 모색하는 일에 완전히 빠져들거나 현재에 일격을 가한다.

어쨌든 우리 현재의 혁명적 세계 시대 중 첫 번째 시기에 대해 감히 학문적으로 서술해보자. 이 작업의 훌륭한 학문적 정당성은 아마도, 그 시대의 수많은 인물과 사건이 그 다음부터 발생한 사건들에서 하나의 전형적인 의미를 갖는다는 점, 그 첫 번째 프랑스 혁명을 지나치게 숭배하고 모방하는 것이 현재 진행되고 있는 운동의 한 요소이자 역사적으로 그것을 인식하는 데 필수적이라는 점에 있을 것이다.

{II: 1869년 11월 1일.} 먼저 계몽 군주와 장관을 포함한 위로부터의 개혁의 시기가 우리에게 다가온다. 당시 인간 본성의 선량함이라는 전제에서 출발한 중요한 여론, 일부는 부정적이면서 일부는 환상적으로 긍정적인 문학과 시에 의해 선도된 여론이 막 형성되던 시기이다. 그것은 한때 모든 것을 위로부터 기대하던 여론이다. 그러나 중대한 한 사건, 즉 북아메리카 식민지가 영국으로부터 이룬 독립은 이미 모든 해방의 보편적인 본보기처럼 보인다. 동시에 영국에서 벌어진 중요한 입헌적 투쟁들조차 이러한 방향에서 일어난 사건이다.

위대한 전제주의적 개혁가들은, 이들이 다른 나라를 합병하거나 정복한 인물들인 한 이미 혁명가들이다. 가령 프리드리히 2세, 요제프 2세, 예카테리나 2세 등이 바로 그들이다. 한 국가와 민족 전체를 몰수한 첫 번째 대표적 예는 폴란드이다.

그러고 나서 프랑스 왕정은 심각한 재정 위기에 몰리자 조언을 구하기 위해 이미 들끓고 있던 국민들을 소집했다. 모든 이상과 소망이 그 자체로 하나의 독특한 현상인 카이에Cahiers[67] 안에서 폭발했다. 이때만 해도 아직은 나중에 순식간에 반전될 희망들이 휘몰아치던 시대였고, 이 분위기는 유럽 전역을 휩쓸었다.

국민의회 안에서조차 왕정에 대항하는 투쟁으로 급선회

되었다. 이와 동시에 국가의 전 기관이 곧 해체되었고, 자연스럽게 무정부 상태가 등장했다. 자기 수단들을 가지고 있던 과거의 권력 개념과 사람들이 일반적인 복지 상태를 요구하고 기대하는 국민 정부를 구성하기 위한 새로운 시도 사이에 의사소통은 전혀 불가능했다. 프랑스만이 아니라 전 세계의 담론을 주도하던 위대한 열정, 그것은 곧 인권이었다. 두 진영〔세습 왕조와 민중 정부〕은 서로 싸우는 두 당파가 아니라 단지 두 개의 현상으로 간주될 수 있다.

이제는 이른바 인간 본성의 선량함에 균열이 생기기 시작했다. 그 균열을 만들어낸 직공장은 마라J. P. Marat[68]와 의혹, 즉 처음에는 왕과 왕당파(망명)에 대한, 다음에는 자기 정당 내에서 무조건 추종하지 않는 모든 사람에 대한 의혹이었다. 파리의 가장 위험한 분자들이 혁명을 주도하기 시작한 것이다. 파리의 의미는, 고대의 로마가 내전 시기에 갖던 의미보다도 훨씬 더 숙명적이 되어버렸다. 공포는 분노를 불러일으켰고, 파리의 정신이 지금까지 무정부 상태에 있던 프랑스의 주도권을 장악했다. 파리는 이제 사람들의 행동만이 아니라 사고까지도 규정하기에 이르렀다.

9월 학살은 본래 공포정치의 시작으로 간주될 수 있다. 프랑스 쪽에서 외부로 눈을 돌려 주도된 전쟁은, 상파뉴를 향한 프로이센의 원정 그리고 공포정치를 편 정부가 주식(主食)으로 삼았던 열정을 일깨운 이어지는 대(對)프랑스 동맹

전쟁들에 의해 응전받았다. 그러는 사이 이 공포정부는 내부에서는 연방주의자들을 처형시켜갔다. 공포정치는, 마치 스페인의 종교재판이 유대인과 무어인에게서 시작해 나중에는 스페인 사람들에게까지 행해졌던 것처럼, 왕당파에 대해 행해지다가 동료들에게로 향했다.

혁명은 이제 어떤 다른 혁명에서도 볼 수 없는 자신의 전형적인 단계들을 밟아나갔다. 혁명은 매우 문명화된 시대에 교육과 문학에서 나온 동기들을 통해 사람들이 소망하던 분명해진 모든 사항과 함께 가장 완벽해진 자신의 상을 보여주었다.

그리고 외국군이 침공해도 동맹군들의 격렬한 내부 분열로 상대적으로 쉽게 물리칠 수 있게 된 프랑스는 공포정치 전 기간 동안 정치적으로 항상 새로운 면모를 보여주어야만 했다. 테르미도르 반동 이후 이 점은 분명히 드러났다.

이제 새로운 사회가 열렸다. 어떤 신분상의 특권, 즉 거의 어떤 정치적 권리도 열망하지 않고 오직 법적인 단체에 의해서만 속박될 수많은 새로운 재산가들이 형성되었고, 또 수많은 자유 노동자들이 등장했다. 이러한 모든 사람은 한결같이 평온함과 안전만을 열망했다. 소유의 개념은 다른 모든 〔혁명의〕 원리와 가치보다 더 오래 살아남게 되었다. 그 개념은 단지 새로운 손으로 넘어갔을 뿐이다.

총재정부는 살아남은 혁명 참여자들을 더 이상 아무도 믿지 않는 혁명 원칙 없이 그저 권력과 명예로 묶어두고자 했다. 총재정부는, 재정적으로는 이른바 위성공화국들의 기부와 그들에 대한 약탈로 충당되고, 정치적으로는 곤경에 처할 때마다 공포정치로 되돌아감으로써 유지되었다. 그러는 사이 군국주의도 성장해갔다. 사람들이 더 이상 장군들의 목을 베지 않고 오히려 점점 더 유명해지고 강력해지도록 방치했기 때문에, 결국 나폴레옹이 브뤼메르 18일에 권력을 장악했다.

나폴레옹은 카이사르주의Cäsarismus[69]의 가장 교훈적인 전형이다. 그는 또한 내부로는 새로운 프랑스 사회의 구원자였고 외부로는 세계 정복자였다. 사람들은 그보다 훨씬 덜한 사람으로도 만족했을 것이다.

내부적으로 사람들은 완전히 결속했다. 그 후로 14년간의 묵묵한 복종의 시간이 뒤따랐다. 행정과 입법은 합리화되었다. 이 나폴레옹 국가는 나머지 유럽 국가들의 전범으로 큰 의미를 지녔다. 혁명이라는 것은 파괴시킴과 동시에 권력을 집중시켰던 것이다. 나폴레옹은 거기에다 질서와 그 목적에 합당한 전체 기구를 더했을 뿐이다.

외부적으로 나폴레옹은 1793년과 1794년의 학교[70] 출신의 테러리스트였다. 그 과정에서 그는 모든 시대를 통틀어 아마도 최초의 전쟁 영웅이었을 것이다. 어떤 도덕적인 주저함도 없이 그는 최고의 군사적 능력을 보유하고 있었다.

그의 목적은 모든 민족을 일시적으로 유린하고, 그러면서 그들이 가지고 있는 장래의 모든 힘을 일깨우는 것이었다. 그것도 일부는 그가 그 힘들을 필요로 하여 빠른 속도로 배우면서, 또 일부는 그가 그들을 분노하게 만들면서 말이다.

그는 영국과 겨우 맺어진 평화조약을 1년 후 곧바로 파기했고, 이탈리아, 스위스, 네덜란드를 장악했다.

자신의 제국을 건설하고 나서 영국을 위협한 그는 아우스테를리츠 근처에서 처음 마주침으로써 세 번째 대프랑스 동맹에 대항한 투쟁을 전개했다. 그런 다음 불행히도 중립으로 남아 있던 프로이센과 러시아에 대항한 전쟁이 이어졌다. 이러한 결정의 커다란 국면은 예나, 아이라우, 프리드란트, 틸지트였다. 그 후로 영국은 거대한 주적으로 남게 되었다. 나폴레옹은 처음에는 직접적인 싸움을 염두에 두었으나 트라팔가 해전을 치른 후에는 간접적 싸움으로 만족해야만 했다.

나폴레옹에게는 이 도상에서 멈춘다는 것이 불가능했다. 다른 국가들의 평화롭기 그지없는 굴복도 더 이상 그를 만족시키지 못했다. 왜냐하면 여전히 영국이 존재하는 한 그 국가들이 영국의 영향 아래 놓일지도 몰랐기 때문이다. 바로 이 때문에 스페인 전쟁이 발발했다. 오스트리아는 이 전쟁을 나폴레옹에게서 떨어져나가기 위한 방편으로 이용했는데, 결국 오스트리아는 다시 한번, 그러나 이번에는 아주 힘들게 진압되었다.

나폴레옹의 비극은 정치가로서의 그가 야전 사령관으로서의 그를 더 이상 뒤따르지 못하도록 일을 추진시켰다는 데 있었다. 나폴레옹은 정복된 것에서 피정복자나 예속자와는 다른 그 어떤 것을 만들어낼 능력, 즉 어쨌든 대프랑스 동맹군과 화해해 그들을 자기 편으로 만들 능력이 없었다. 이 과정에서 그는 처음으로 자신을 제대로 인식하고 그러면서 내적으로 가장 큰 변화를 가져오도록 만든 민족의 내부에 깊숙한 분노를 불러일으켰다. 1808년 이래의 프로이센이 바로 그 예이다.

겉보기에도 가장 손쉽게 끌리는 목표는 영국의 몰락이다. 나폴레옹은 자기 진영과 영국 진영이 두 개의 분리된 세계가 되도록 영국과 주도권 싸움을 벌였다. 그가 러시아에조차 프랑스 국경 관리들을 두려고 강요했을 때, 영국은 반발할 수밖에 없었다.

삐걱거리는 민족들을 넘어, 결국 지나치게 준비된 수단들을 동원한 러시아 원정과 3년 동안의 집단적인 형사 재판이 이어졌다. 그 원정의 가장 중요한 의미는, 가령 나폴레옹의 갑작스러운 죽음이나 각 정부들이 동의해서가 아니라, 민족, 특히 독일, 러시아, 스페인, 영국 등의 민족이 극도로 격앙된 가운데 새로운 국가 질서가 도입됐다는 점, 그래서 프랑스 혁명을 통해서, 또 자유전쟁들〔나폴레옹 전쟁 혹은 해방전쟁〕을 통해서 동요된 민족들이 그 모든 것에도 불구하고 평온의

욕구를 결코 잠재우지 않고 그들 자신의 전체 생존을 위해서
하나의 다른 척도를 갖게 되었고 그러면서도 이미 말한 새로
운 국가 질서에는 결코 만족하지 못했다는 점이다.

여기에서 도출된 중요한 결과는 영원한 수정(修整) 정신이
다. 나폴레옹 자신 또한 일시적으로 그 정신을 키워나갔다.
"나는 세계를 주유한 그 무시무시한 혁신의 정신을 간절히
바랐다."

{IV: 1871년 11월 6일.} 나폴레옹 시대에 이은 상대적으로
평화로운 30년이라는 기간 동안 눈에 띄게 커다란 새로운 폭
풍이 준비되고 있었다. 그 폭풍은 이 시대를 이전의 모든 시
대와 구별해주는 혁명의 가장 심오한 기본 원칙의 결과로 생
겼는데, 그 원칙은 영원한 수정 또는 혁명이다.

프랑스 혁명을 통해 세계에 전해진 결정적으로 새로운 것
은 공공 복지라는 목적을 위해서는 변화해도 된다는 생각과
변화하려는 욕구이다. 이 새로운 것은 평등 사상에서 나온
것으로, 평등은 보통선거권이나 매우 확대된 선거권에 그에
대한 결정권을 쥐어준다. 여기에서 새로운 내용이 싹트면 곧
바로 모든 형식에 변화가 나타난다.

이 때문에 다음부터는 국가 권력이 제한적으로만 존재하
고 또 수정의 욕구를 통해 끊임없는 위협 속에서 유지되거
나, 아니면 정치 형식들을 무너뜨리는 전제주의적 반동으로

간주되었다.

권력이 이론적으로, 만일 한순간 필요할 때 폭력적으로 일격을 가함으로써 만들어진다면, 그것은 더 이상 상속할 수 있는 이윤법이 아니다.

보통선거권은 논리적으로는 신권과 과거 권위의 반대편에 있는 극점이다. 혁명은 보통선거권을 천명했고, 거의 시작부터 조작했다.

보통선거권의 한계는 정해져 있지 않다. 선출을 위해 만들어진 이 보통선거권은 모든 국가 사안을 넘어서서 마지막에는 임의적인 생존 영역에까지 확대될 수 있다. 마지막에는 사람들이 꿀벌통이나 개미집의 전체 의지에 이를지도 모른다.

보통선거권 이전의 모든 정치적 자유는 보통선거권 이후의 정치적 자유와는 특별히 다르다. 전자는 심지어 영국에서조차 한정된 수의 선거자들로 제한되었다. 평등 이론에 입각한 보통선거권 이래의 정치적 자유야말로 영원한 수정을 위한 전권을 갖고 있거나 또는 그 전권을 스스로에게 부여한다. 그 후에야 비로소 헌법들이 끊임없이 문제가 되고 있으며, 국가 형태는 끊임없는 변화에 내맡겨져 있다.

보통선거권을 통한 평등과 참정은 (가령 다시 한번 더 전제주의가 전제주의 앞에 평등이 있을 수 있다는 점을 가르쳐줄 때까지) 서로 대체할 수 있는 개념이 되어버렸다.

이 모든 일에서의 추진력은 18세기 중반 이후의 시간들을 채워온 거대한 낙관적 의지이다. 여기에 전제된 것은 선과 악으로 혼합된 인간 본성의 선량함이다. 그 낙관적 의지는 변화에서 발전적이고 결정적인 행운을 바랐고, 위기가 있을 때마다 마치 푄[71]이 불 때의 산꼭대기처럼 이 행운을 상당히 가까이서 볼 수 있다고 믿었다. 하나의 민족, 하나의 계급, 하나의 교육 계층 등이 차례로 그 의지에 압도당하고 말하기를, 그들이 소망하는 것이 달성된다면 세계는 당분간 정지할지도 모른다는 것이다. 사람들은 이러한 자신들의 바람이 나머지 모든 사람과 미래의 사람들에게 역시 바랄 권리를 부여했다는 것을 알지 못했다. 사람들은 이미 루소J. J. Rousseau가 단순한 이상적 상태로 회귀함으로써 획일적으로 행복해질 '인류'에 대해 언급함으로써 그 목표점을 얼마나 멀리까지 설정해놓았었는지 너무도 쉽게 잊어버린다. 그러나 소망들은 아무리 이상적인 것처럼 보여도 실제는 물질적인 종류인 경우가 대부분인데, 왜냐하면 거의 대부분의 사람들은 행복을 그 외의 다른 어떤 것으로 이해하지 않기 때문이다. 물질적 소망들은 그 자체로, 또 절대로 멈춰지지 않는 것이고, 그 소망들이 끊임없이 충족된다 하더라도 그러하며, 그럴 때는 더더욱 멈추어지지 않는다.

이상주의적인 사람들은 물론 자신들의 소망과 상상을 미래에 대한 화려한 상으로 발전해나가도록 만든다. 그 이유는 정신적인 것은 물질적인 것과 조화되고, 종교, 사상, 생은 하나이며, 의무와 의지 사이에는 어떤 불화도 없고, 향락적 생활과 도덕성은 서로 일치될 수 있다고 말하기 때문이다. 그러나 최상의 의미로 보았을 때, 그 모든 것이 순수한 인식이라고 하지만 그것은 동시에 순수히 아름다운 상에 불과한 것이다. 즉, 지금껏 발전해온 것은 단지 문화뿐이지[72] 인간적 선량함은 아니며, 더구나 행복은 전혀 고양되지 않았다. 왜냐하면 행복은 두 개의 내용, 즉 상태 자체와 그 상태에 대한 만족도로 구성되어 있기 때문이다.

고대 세계의 말기에 이미 나타났던 것처럼, 그러한 낙관주의가 갑자기 비관주의로 돌변하는 것은 얼마든지 있을 수 있는 일이다. 그에 대한 개별적인 징후들은 현재에도 있지만, 실제로 그런 일이 있을지, 그리고 있다면 얼마나 빨리 오게 될지는 아직 확실치 않다.

쇼펜하우어는 온갖 정치적이고 사회적인 의견 대립에까지 파고들어가 차라리 애초에 없었더라면 하는 이 세상의 고통을 이야기하고 있다.

자연 안에서의 생존 투쟁과 관련한 다윈의 이론은 오늘날 갈수록 더 많이 인간 생활과 역사에도 적용된다. 그러한 싸움은 예전부터 있었지만, 정치적, 민족적, 경제적 삶이 완만하게 진행될 때는 훨씬 덜 느껴진다. 그에 반해 현재는 그 싸움이 끔찍이도 생생할 뿐 아니라 각 민족 간의 전쟁과 살인적인 산업 경쟁을 통해 더 가속화되고 있다.

이러한 (표면적으로 널리 퍼져 있는 낙관주의를 통해 '진보'로, 또는 문화, 문명, 계몽, 발전, 교화 등으로, 또는 다른 이름으로 불리는) 변화를 향한 그 자체로 맹목적인 의지로 사람들은 무언가 지속적인 것(즉 상대적으로 지속적인 것)을 얻고자 할 수도 있고, 또 어떤 더 강하고 더 상위에 있는 무언가가 우리 안에, 우리와 더불어 바로 그 의지를 행사할 수도 있다. 우리의 이 위기의 세기를 하나의 전체로서 역사적으로 조망할 미래의 한 시대에 사람들은 이 점을 통찰하게 될 것이다. 물론 그들이 자신의 삶과 행위에 대해서는, 마치 우리가 우리들의 삶과 행위에 대해서 그런 것처럼 전혀 이해하지 못할 수도 있지만 말이다.

(우리 지구가 얼마나 더 오랫동안 유기체적인 삶을 견뎌내게 될지, 또 지구가 응결되고 탄산과 물이 고갈됨으로써 얼마나 빨리 지구상의 인류가 사라지게 될지는 아직 알 수 없다.)

이 모든 것을 소망하는 것 대신 우리가 해야 할 임무는, 가능한 한 우매한 기쁨과 두려움에서 벗어나 무엇보다도 역사의 발전을 인식하는 데 주력하는 것이다. 물론 이미 말한 대로 혁명의 시대는 우리가 이와 같이 객관적으로 인식하는 것을 매우 어렵게 만든다. 우리는 우리의 처지를 의식하는 바로 그 순간 우리 자신이 수많은 파도 가운데 한 물결에 의해 휩쓸려 다니는 다소 부서지기 쉬운 배 위에 있다는 사실을 알게 된다. 어찌 보면 다음과 같이 말할 수도 있을 것이다. 즉 우리 자신이 이미 이 파도의 일부라고 말이다.

그러나 무엇인가 원하는 것이 있을 경우에는 진지한 관심을 제기할 수 있다.

어떤 특정한 정신과 그 정신을 향하는 힘과 열정이 자기 목소리를 내고, 때로는 더 교훈적이었다가 때로는 더 격렬하게 휘어잡듯이 전면에 드러나는 것은 시대, 국가, 집단, 운동, 개인에게서이다. 이 모든 것의 뒤섞임을 우리는 혼돈에서 정신적 소유로 전환시켜야 한다. 우리는 그 안에서 혼미함이 아니라 풍부함을 발견하고자 한다.

혁명의 시대는 특별한 의미에서 가장 교훈적이다. 그것은 과거와 이전의 모든 시기와 대조되는 이 시대에 사물들은 수없이 변화하며, 전과 비교했을 때 새롭고 다양한 생활이 전개되었으며, 삶의 맥박은 점점 더 빨라져갔고, 모든 것이 아주 명백해졌기 때문이다.

바로 이 점 때문에 우리는 인류의 보편적 생에 대해 (진정 자신의 공로를 통해서는 아니지만) 백 년 전 위대한 지성인들이 알고 있던 것보다 더 많이 알고 있다. 우리의 선조들이 전쟁보다 더한 것을 겪어보지 못한 반면, 지난 세 세대를 거쳐오면서 사람들은 끝도 없이 많은 다양한 것, 즉 생존을 위한 새로운 원리, 대량의 새로운 국가, 모든 관습, 문화, 문학상의 급격한 변화 등을 경험했다. 인간의 생활을 전체적으로 뒤흔든 사건으로 가령 종교개혁과 식민지 시대는 우리 시대에 비하면 사소한 것이 되어버렸다. 우리는 심지어 이전 시대를 우리 선조들이 알고 있던 것과는 매우 다르게 알고 있는데, 그 이유는 이전에는 오직 행동하는 개인들에게만 알려진 생동하는 역사적 힘들을 이제 혁명의 시대를 거치면서 우리 자신이 직접 관조하게 되었기 때문이다. 우리는 이제 모든 시대의 역사 안에서 훨씬 더 많이 이쪽으로 다가오는 필연성을 보게 되었고, 개인을 단순한 도구로 간주하게 되었다.

두 가지 가장 커다란 변화는 민족적인 것에 대한 새로운 의미와 새로운 사회적 프로그램들과 관련된 국가에 대한 새로운 개념이다.

민족들

프랑스 민족과 방어나 전염을 통해 형성된 나머지 민족들은 이전보다도 더 자신들을 의식하게 되었다. 국가적으로 통합하지 못하고 갈갈이 찢긴 민족들은 자신의 영토에 국한된 특별한 삶에서 벗어나 공동 생존과 세력 확장을 열망했다. 나폴레옹 1세는 이러한 소망들을 이용하여 폴란드인들과 이탈리아인들을 우롱했으며, 이들은 나폴레옹의 이 말을 그가 죽고 나서까지도 믿었다. 이로써 외부뿐만 아니라 자신들의 통치자들을 향해서도 관철시킬 수 있다고 믿는 민족적 의지에 대한 이상이 형성되었다. 물론 이 연관 안에는 나폴레옹 시대 이후 민족 간의 전쟁과 그 성격도 포함된다. 군국주의는 바로 그것들의 결과이다.

새로운 의미의 국가

국가는 이러한 민족에 상응해야, 즉 같은 언어를 사용하는 사람들을 모두 포괄할 때까지 확장되어야 한다는 것이다. 왜냐하면 민족은 통합을 위한 또 다른 수단으로 국가에 —— 또는 국가가 민족에 —— 봉사할 수 있기 때문이다. 사람들이 이미 가지고 있던 외래의 구성 요소들은 억압당한다. 그렇게 해서 형성된 민족 국가는 외부를 향해서는 전권을 행사할 만큼 전혀 강력하지 않거나 충분히 강력해질 수가 없다.

또한 내부를 향해서도 마찬가지인데, 이 경우는 정치적이고 사회적인 측면에서 거의 타협될 수 없는 내용을 담고 있는 광범위한 프로그램들이 국가에 부과된다. 정치적 측면에서 사람들은 모든 활동과 운동의 완전한 자유, 일반적인 공동 선거권과 공동 결정권 등을 요구한다. (아무리 발견된 것이라 하더라도) 민족 의지가 주(主)가 되어야 하고, 이를 위한 기구들도 등장하게 된다는 것이다. 또 모든 시설은 임시로, 유동적으로 유지되어야 한다는 것이다. 이러한 정치 프로그램의 기원이 바로 혁명의 실천이 아니라 혁명의 이론이다.

사회적 측면에서는 전적으로 강력한 국가가 요청된다. 왜냐하면 사람들은 사회가 스스로 사람들이 원하는 것들을 (원래 그렇게 되어야 할 상태로) 실현시킬 것이라고 기대하지도, 바라지도 않기 때문이다. 그 때문에 사람들은 그 임무를, 이미 필요한 강제 수단들을 가지고 있는, 아니면 사람들이 요구하는 전 사회 복지를 위해 그러한 수단들을 만들어낼, 즉 전대미문의 강대한 권력이 필요한 국가에 떠넘긴다. 야심가들은 바로 이와 같이 전권을 행사하는 국가를 손에 쥐고 이끌어나가길 원한다. 이러한 사회적 프로그램의 기원, 아니 오히려 전제 조건이 곧 카이사르주의이다.

프랑스 혁명은 시작부터, 즉 1789년부터 사회적이었다. 농촌에서의 소유권 변경은 곧 혁명의 추진력이었고, 만일 이 힘이 없었더라면 농부들은 혁명의 대열에 끼지 않았을 것이다. 그 밖에 지금껏 공적 권력의 보유자였던 재산 소유자들을 추적하거나 절멸시키는 일도 여기서 한몫했다. 거기에는 또 이 세상이 마치 백지 상태인 양, 그리고 잘 고안된 제도들을 통해 마치 모든 것을 억지로 강요할 수 있는 양, 가능한 모든 것을 요청할 수 있는 자유도 가세했다. 이론적으로 이러한 경향들은 루소 이후 일관되게 그저 칼과 쟁기의 날만 남기고자 했던 생 쥐스트Antoine de Saint Just[73]와 뒤늦게 따라온 인물인 바뵈프Gracchus Babeuf[74]에 의해 대표되었다.

그러고 나서 이러한 발전 경향은 1815년 이후에도 전승되어 계속 이어졌다. 평화 기간을 통해 지금에야 비로소 자유로워진 집단적인 토지 소유와 지금껏 구속적이어서 겨우 상대적인 자유만 누리던 산업의 결과가 드러나게 되었다. 영국의 선례를 따라 무조건적이고 무분별한 상업과 교통(괴테가 첼터Carl F. Zelter에게 한 말로는, 부(富)와 신속)의 시대가 시작되었다. 근대 산업이 발생했고, 민족 간의 전쟁 외에도 마찬가지로 살인적인 성격을 갖는 민족 간의 경쟁들과 한 민족 안에서도 민족 구성원 계층과 계급 간의 투쟁들이 나타났으며, 기계를 이용한 대규모 농작물 생산과 경영이 시작되었고, 대규모 산업과 공장 경영으로 소상점과 수공업의 축출이 가속화되었다. 이 모든 것이 처음에는 대량 소비를 위한 것이었지만, 그 다음에는 모든 것[75]을 위한 것이 되어버렸다.

빈곤과 (두뇌 형성에서의) 신체적인 퇴화는 정치적 평등과 심한 대립 관계에 있다. 빈곤은 비록 '모든 문명 단계의 한 구성 요소'이지만, 이전에는 빈곤이 집중적이지도 않았고, 정치적으로도 전혀 자기 목소리를 내지 않았다. 그러나 지금은 빈곤이 떠들썩해졌고, 빈곤은 더 이상 빈곤이 아니길 원하고 있다. 우리는 이른바 영원한 수정의 시대에 살고 있는 것이다.

그러한 사정 아래 이미 천명된 그 밖의 모든 평등 외에 유일한, 그러나 가장 민감한 불평등, 즉 소유의 불평등이 주장되었다. —— 소유의 불평등이 막 심해지기 시작하고 모든 중산층이 명백히 몰락해가고 있는 시기에 제기되었다.

그런 다음 사회주의와 그와 관련된 일련의 체제들이 등장했다. 사회주의는 국가를 전복시키고자 노력하고, 국가는 스스로 사회적 실험들에 감히 접근하고 있다.

그러한 위험이 상승하고 있다는 증거로, 소규모 생활 영역들이 해체되어가고, 어떤 장소에 정주하는 것이나 어떤 건물을 설립하는 것이 임의로 이루어지고 있으며, 인구 과잉 현상이 일어나고 있다는 점을 제시할 수 있다. 이 모든 것은 국가의 요구가 점차 늘어나면서 나타나는 현상이다.

다행스럽게도 우리의 역사 고찰은, 일부 철학자들의 생각, 가령 폰 하르트만Eduard von Hartmann[76]이 두 가지 예언으로 언급했던 경우와는 달리, 미래와는 아무런 상관이 없다. 그 예언은 비록 실현되지 않았지만, 그럼에도 불구하고 우리 시대가 전반적으로 미래에 대한 예측이나 현실적 경험을 앞서가는 어떤 추상적 개념 체계가 등장하도록 자극하는 것은 사실이다.

그중 한 예언[77]은 이 세계가 공동의 법적 보호 장치를 갖는 다국가 1공화국 체제를 형성하게 될 단순한 공화국들로 해체될 것이라고 주장한다.

사회적 연관에서 하르트만은 전 지구를 포괄하는 통일된 생산과 판매 조직을 갖춘, 그러면서 지구의 부가 지금보다도 훨씬 더 빠른 속도로 증대될 자유로운 연합체를 예견한다. 물론 그러한 부가 인구 증가에 의해 침해당하거나 심지어 추월당하지 않는다는 가정(!) 아래에서 말이다. (그 철학자는 여기서 어떤 혼합도 알지 못한다.) 그 종착점은, 모든 사람이 자신의 지적인 교육을 위해 충분히 노력할 때 편안하고 인간적인 생존을 영위하게 된다는 것이다. (그렇다면 그 다음에는 과연 누가 분뇨를 싣거나 그와 비슷한 힘든 일을 맡아 해야 한단 말인가?) 그렇게 되면 인간은 자신의 긍정적이고 본래적인 임무를 완수할 물질적 가능성을 갖는다는 것이다.

하르트만의 다른 예언은 다음과 같다.[78] 철학 자체의 거대한 명성과 그 밖의 미사여구 다음에 (다윈과 연결하여) 위에서 말한 상과 일치하는, 그래서 그만큼 훌륭한 미래의 상이 제시된다.[79] 그것은 생존 투쟁이다. 이 투쟁은 냉혹한 자연법칙들에 따라 동물과 식물 사이에서처럼 인간들 사이에서 벌어지게 된다는 것이다. 열등한 인종들, 즉 발전 단계에서 정체된 채 남겨진 여분의 인간인 야만인들이 멸종될 것이라는 주장이다. 물론 전 지구가 가장 발전된 인종, 즉 백인들에 의해 빨리 점유되면 될수록, 백인종 내의 다양한 종족들 사이의 투쟁이 그만큼 더 빨리 불타오르게 된다는 것이다. 그것도 이들이 서로 아주 유사하기 때문에 투쟁은 그만큼 더 끔찍하고, 더 격렬하며, 더 오랫동안 지속되리라는 것이다. 하지만 이 종자들(그렇다! 너무도 야비한 악마들이다!)이 지속적으로 '발전'하기 위해서는 그런 일들이 그만큼 더 유익하다는 것이다. 이때 투쟁의 형태는, 그것이 전쟁이 되었든, 그 밖의 경쟁이 되었든, 아니면 무역이나 다른 수단들을 동원한 흡취가 되었든, 아무래도 상관없다는 것이다. 그래서 지구는 점점 더 고도로 발달한 민족들의 배타적 전리품이 되고 또 이 발달한 민족들은 더욱 문명화된다는 것이다. 물론 같은 민족 내에서도 현란한 생존 투쟁을 통해서만 더 이어지는 발전들이 완성될 수 있을 것이다. (그렇다면 위에서 말한 편안하고 인간적인 생존은 도대체 어디에 있단 말인가?)

우리는 그러한 수식어들로 가득 찬 역사적 결론을 포기한다. 우리는 차라리 운명에게 다음과 같이 부탁하고 싶다. 매 시대에 우리 눈앞에 놓여 있는 것에 대한 책임감을 가질 수 있도록, 불가피한 것에 순종할 수 있도록, 그리고 —— 만일 생존과 관련한 중대한 문제들이 우리를 덮친다면 —— 생존에 대한 명쾌하고 분명한 입장을 가질 수 있도록, 끝으로 개개인의 삶을 위해, 즉 그 개인이 자신의 책무를 완수하고 세계를 고찰할 때 깨어 있는 정신을 유지하는 데 필요한 만큼의 햇빛을 얻을 수 있도록 해달라고 말이다.

제4장

세계사적 고찰 서문

1. 우리의 과제

우리가 이 강좌를 위해 우리 자신에게 부여한 임무는, 언젠가 다른 때 또 다른 사고 과정에서 그렇게 하듯이, 역사에 대한 수많은 관찰과 연구를 절반 정도는 우연한 사고 과정에 연결시키는 것이다.

우리의 관찰 범주 안에 속하는 것들에 대한 우리 자신의 견해를 일반적이고 개설적으로 설명한 뒤에 우리는 세 개의 커다란 역사 구성의 힘들Potenzen[80] 즉 국가, 종교, 문화에 대해 언급할 것이다. 그런 다음 우리는 먼저 그 잠재력들이 서로에게 미치는 지속적이고 점진적인 영향력, 그중에서도 특히 동적인 힘(문화)이 정적인 두 힘〔국가와 종교〕에 미치는 영향력을 취급할 것이며, 계속해서 모든 세계 과정에서의 가속화된 운동들을 관찰하는 것으로 넘어갈 것이다. 그 운동들이란 바로 위기와 혁명에 대한 이론뿐 아니라 다른 모든 운동을 급작스럽고 일시적으로 흡수하는 것, 나머지 모든 생의 동시적인 동요(動搖), 단절과 반동에 대한 이론도 포함한, 이른바 폭풍론Sturmlehre으로 부를 수 있는 것을 의미한다. 다음으로 우리는 세계사적 사건들의 응축, 다시 말해 [모든] 운동이 위인들에게 집중되는 현상을 언급할 것이다. 특히 기존의 것과 새로운 것은 이것들을 창조한 사람이자 그 주된 표현으로서의 그 위인들에게서 일시적이고 개인적인 것이 되어버린다. 마지막으로 우리는 세계사에서의 행운과 불행에 대한 장(章)에서 개인적으로 바라는 것들을 역사 안으로 이입시키는 행위에 맞서 우리의 객관성을 지킬 수 있는 길을 모색할 것이다.

우리는 학문적 의미의 역사 연구를 위한 하나의 길잡이를 제시하지는 않을 것이다. 다만 정신 세계의 다양한 영역 안에서 역사적인 것에 대한 연구에 하나의 암시만을 주고자 한다. 더 나아가 모든 체계적인 것을 포기할 것이다. 왜냐하면 우리는 '세계사의 이념들'에 대해서는 어떤 요구도 하지 않을 것이며, 단지 그것들을 감각적으로 수용하는 것으로 만족하거나, 오히려 역사를 가로지르는, 그것도 가능하면 다양한 방향에서의 횡단면들을 제시할 것이다. 따라서 우리는 무엇보다 어떤 역사철학도 제시하지 않을 것이다.

역사철학은 켄타우로스Kentauros,[81] 즉 일종의 형용 모순이다. 왜냐하면 역사, 즉 동등 배열Koordinieren은 철학이 아니며,

철학, 즉 종속 배열Subordinieren은 역사가 아니기 때문이다.

그렇지만 우리가 맞닥뜨리게 되는 철학은 생의 중대하고 일반적인 문제들에 직접 파고든다는 점에서 그러한 목적을 기껏해야 매우 부족하고 간접적으로만 추구하는 역사학보다도 우위에 서 있다.

단지 자기 자신의 방법으로 작업하는 철학만이 진정한, 즉 전제조건 없는 철학임이 틀림없다.

왜냐하면 그러한 문제들을 종교적으로 해결하는 것은 어떤 독특한 영역과 인간의 특별한 내적 능력에 속하기 때문이다.

기존의 역사철학의 특징들을 살펴보면, 지금까지의 역사철학은 역사를 뒤쫓아가면서 종단면들을 제시해왔다. 그것은 연대기적인 방법을 사용해왔던 것이다.

그 역사철학은 이런 방식으로, 대체로 가장 낙관적인 생각에서 세계 발전에 관한 보편적인 프로그램을 만들어내고자 노력했다.

그래서 헤겔은 자신의 《역사철학Philosophie der Geschichte》(12쪽 이하)에서 말하기를, 철학이 가져다준 유일한 사상은 단순한 이성의 사상, 즉 이성이 이 세계를 지배하고, 그래서 세계사는 이성적으로 접근할 수 있다는 사상이고, 세계사는 곧 세계 정신의 이성적이고 필연적인 과정이었다는 것이 (원문대로 인용하면!) 그 결과여야 한다는 것이다. 그러나 이 모든 것은 우선 증명이 되어야 할 뿐 아니라 이것이 "가져다주는" 것은 아무것도 없다. 헤겔은 또 (18쪽 이하에서) "영원한 지혜에 의해 의도된 것"을 언급하고 있으며, 부정적인 것(대중적인 말로는 악한 것)이 저급한 것과 극복된 것으로 사라져버리는 친화적인 것에 대한 인식을 근거로 자신의 관찰을 일종의 신정론(神正論)이라 부른다. 그는 (21쪽에서) 세계사는 정신이 어떻게 그 자신에 대한 의식으로 전화되는지를 표현하고 있으며, 그리고 바로 그것이 정신이 의미하는 바라는 자신의 기본 사상을 전개한다. 바로 그 과정에서 정신은 자유로 발전해가는데, 동양에서는 한 사람만이, 고대 서양에서는 몇몇 적은 사람들만이 자유로웠고, 근대는 모든 사람을 자유롭게 만들었다는 것이다. 또한 조심스럽게 도입된 완벽성, 즉 잘 알려진 이른바 진보에 대한 이론도 바로 그에게서 발견된다 (54쪽).

그러나 우리는 영원한 지혜의 목적들에 대해 정통하지도 못하고, 그것들을 알지도 못한다. 세계 계획에 대한 이 대담무쌍한 예견은 결국 오류에 빠질 수밖에 없는데, 왜냐하면 그것이 잘못된 전제에서 출발하고 있기 때문이다.

역사철학이 기껏해야 세계 문화의 역사로 퇴화된다는 점 (도대체 그 어떤 잘못된 의미에서 역사철학이라는 표현이 유효하단 말인가), 그렇지 않으면 하나의 세계 계획을 좇아간다는 점, 또는, 전제조건을 염두에 두고서, 철학자들이 세 살이나 네 살

때부터 흡수하는 이념들로 채색되어 있다는 점은 연대기적으로 정리된 모든 역사철학에서 공통적으로 발견되는 위험이다.

물론 그러한 오류가 반드시 철학자들에게서만 일반적으로 발견되는 현상은 아니다. 즉 우리 시대는 모든 시대를 충만하게 함이거나 적어도 그에 가까이 다가가 있다고, 또 이전에 있던 모든 것은 우리를 위해 존재한다는 관점에서 관찰되어야 한다고들 말한다. 그러나 사실 우리까지 포함된 모든 것은 그 자신을 위해, 이전에 발생했던 것을 위해, 우리를 위해, 미래를 위해 존재한다.

종교적인 역사 조망은 그 자신의 특별한 권능을 부여받는데, 가장 위대한 전범은 모든 신정론 중에서 가장 최고의 지위를 차지하고 있는 아우구스티누스의 저술《신국론*De civitate dei*》이다. 이러한 종교적 역사 조망은 여기서는 우리와 아무런 관련이 없다.

다른 세계 구성의 힘들Weltpotenzen 또한 역사를 자신의 방식에 따라 해석하거나ausdeuten 착취한다ausbeuten. 가령 사회주의자들에 의한 그들의 민족사들이 그 예들이다.

우리의 출발점은 유일하고 항구적이며, 우리에게 가능한 중심, 즉 현재도 그러하고, 과거에도 그랬으며, 미래에도 그러할, 늘 견디면서, 노력하고, 행동하는 인간이다. 이 때문에 우리의 관찰은 어느 정도 병리학적인 것이 될 것이다.

역사철학자들은 지나간 것을 우리의 반대나 전(前) 단계로 그리고 우리 자신은 발전된 것으로 간주한다. 우리는 우리가 공명(共鳴)하고 이해할 만한 것으로 반복하는 것, 변하지 않는 것, 전형적인 것을 관찰하려고 한다.

　역사철학자들은 〔인류의〕 시초에 대한 사변에 얽매임으로써 반드시 미래에 대해 언급하지 않을 수 없다. 우리는 시초에 대한 그러한 이론들에 얽매일 필요가 없고 종말에 대한 이론 또한 우리에게 요구되지 않는다.

　그러나 어쨌든 사람들은 그 켄타우로스에게 많은 신세를 지고 있고 또 역사 연구의 숲 주변 여기저기에서 그 괴물을 기꺼이 환영한다. 그의 원리가 무엇이든 그 괴물은 숲을 관통하는 몇몇 영향력 있는 전망을 던져주었고 역사에 필요한 소금을 가져다주었다. 헤르더Johann Gottfried Herder[82]만 생각해도 그 점은 분명해진다.

　그렇지만 모든 방법은 논란의 여지가 있으며, 어떤 것도 전적으로 타당한 것은 없다. 고찰하는 모든 개인은 동시에 정신적 생의 길이 될 수도 있는 자신의 길들을 걷게 마련이고, 그 길에 맞추어 자신의 방법을 형성한다.

　우리의 사고 과정이 스스로 체계적이어야 한다는 요구를 전혀 하지 않는 한 우리의 과제는 적절한 것이 되므로, 우리는 스스로를 (다행스럽게도!) 제한할 수 있다. 우리는 추측 가능한 원시 상태나 시초에 대한 모든 고찰들을 신경 쓰지 않아도 되고 또 쓰지도 말아야 한다. 우리의 고찰은 오직 활동적인 인종들, 그리고 그중에서도 그들의 역사가 우리가 보기에 충분하고 논쟁의 여지 없이 분명한 문화의 모습들을 보증해주는 민족들에 한한다. 땅과 기후의 영향이나 동에서 서로의 세계사의 운동 같은 것을 묻는 질문은 우리가 아니라 역사철학자들을 위한 도입의 질문들이며,[83] 이 점에서 이러한 질문들은 우주와 관련된 모든 것, 인종들에 대한 이론, 세 개의 구대륙의 지리학 따위와 마찬가지로 전혀 고려할 필요가 없다.[84]

어느 연구에서나 곳곳에서 사람들은 시초부터 시작하지만, 역사학만은 그렇지 않다. 그러나 역사에 대한 우리의 상들은, 앞으로 국가의 경우에서도 보게 되겠지만, 대체로 단순한 구성물, 즉 우리 자신에 대한 반영물이다. 민족에 따라, 또는 인종에 따라 그 결론의 타당성은 매우 적다. 우리가 일반적으로 증명할 수 있다고 믿고 있는 시초라는 것은 그렇지 않아도 어차피 상당히 나중 단계들이다. 가령 메네스Menes의 이집트 왕국은 장구하고 거대한 이전 역사를 가지고 있었음이 드러났다. 그리고 우리는 이제 가령 호상(湖上) 가옥을 짓고 산 인류는 어떤 사람들인가 하는 문제들에 접근해야 한다. 우리는 우리의 동시대인, 우리 이웃을 이해하는 것이 얼마나 어려운지 알 수 있다. 하물며 다른 인종의 사람들이야

두말할 것도 없다.

여기서 잠시 일반적 의미에서 역사의 중대한 전체 임무, 즉 우리가 원래 해야만 할 일에 대해 언급해야 할 것이다.

정신적인 것은 물질적인 것처럼 변하기 때문에, 그리고 시간의 변화가 끊임없이 외적인 생활과 정신적인 생활의 외피를 형성하는 형식들을 가져오기 때문에, 역사의 주제는 그안에서 다음과 같은 동일한 두 가지 기본 방향을 보여주는 것에서 출발한다. 즉, 첫 번째로는 어떤 영역에서 받아들이든 모든 정신적인 것에는 변화나 조건 지어진 것 또는 거대한, 우리에게는 측정할 수 없는 전체 안에 수용되면서 일시적인 순간으로 보일 역사적인 측면이 있다는 점이고, 두 번째로는 또한 과거에 일어난 모든 것에는 스스로 소멸되지 않을 정신적인 측면이 있다는 점이다.

왜냐하면 정신은 비록 변할 수는 있지만 그렇다고 소멸되지는 않기 때문이다.

변화 가능성과 더불어 다양성, 즉 본질적으로는 대립과 보충으로 보이는 여러 민족과 문화의 공존이 있다. 사람들은 물질적인 것과 정신적인 것을 함께 포괄해야 하고 모든 인종, 민족, 관습, 종교 등을 정당하게 취급하고자 노력하는 대규모의 민족지(民族誌)를 토대로 한 거대한 정신적 지도를 머릿속에 떠올릴 수도 있다. 비록 나중에는 가끔씩 외관상의 또는 진정한 인류의 혼합이 일어나기도 하지만 말이다. 가령 기원전 6세기 중국에서 이오니아에 이르는 종교적 운동[85]이나 루터 시대의 독일과 인도에서의 종교 운동[86] 등이 그 예이다.

전 시대를 관통하는 거대한 주요 현상을 언급할 차례이다. 그 현상이란 일시적인 정당성을 갖는 역사적 힘이다. 모든 종류의 지상의 삶의 형식, 즉 기본 정치 체제, 기득권 계층, 시간적인 모든 것과 깊이 뒤엉켜 있는 종교, 거대한 소유 상태, 완벽한 사회적 관습, 일정한 법에 대한 관념 등은 바로 그 역사적 힘에서 등장하거나 그에 의존하고 시간이 흐름에 따라 이 힘의 버팀목으로, 즉 그 시대의 관습적 힘들의 유일한 전달자들로 자처한다. 오직 정신만이 열성적인 작업자이며 꾸준히 일해나간다. 물론 이러한 삶의 형식들이 개정을 요구하는 세력들에 맞서 저항하기도 하지만, 혁명에 의해서든 점진적인 쇠락에 의해서든 이러한 단절, 도덕과 종교의 몰락, 이른바 종말, 즉 세계의 종말은 분명히 온다. 그렇지만 그사이 정신은, 비록 그 외형적인 구조가 시간이 흐르면서 역시 동일한 운명을 겪게 되겠지만, 무언가 새로운 것을 만들어낸다.

그러한 역사적 힘에 맞서 오늘날의 개인은 완전히 정신적인 혼돈 상태에 빠져 있음을 느끼곤 한다. 그 개인은 통상 공격적이거나 저항적인 당파에 헌신적으로 봉사한다. 단지 몇 안 되는 현대인만이 자신을 위해 그 사건 외부에 있는 아르

키메데스적 관점을 얻음으로써 그 일들을 "정신적으로 극복할" 수 있고, 그 과정에서는 아마 큰 만족을 느끼지 못할 것이며 결국 어떤 애처로운 느낌을 지워버릴 수 없을 것이다. 왜냐하면 그들 모두 역시 다른 사람들에게 봉사할 수밖에 없는 처지이기 때문이다. 비교적 최근에 와서야 정신은 그러한 과거 위에서 완전히 자유롭게 움직일 수 있게 되었다.

그 주요 현상들의 결과는 바로 역사적 삶이다. 수많은 모양을 하고, 복합적으로, 모든 가능한 위장(僞裝) 상태에서, 자유롭게 또는 부자연스럽게 이리저리 오가는, 때로는 대중에 의해서, 또 때로는 개인들을 통해서 표현되는, 때로는 낙관적이고, 때로는 비관적인 분위기를 자아내는, 국가, 종교, 문화가 창건되기도 했다가 또 파괴되기도 하는, 때로는 오리무중의 수수께끼로 성찰보다도 환상을 통해 전달된 암울한 느낌에 이끌리다가, 때로는 순수한 성찰에 의해 인도되는 듯하면서도 결국에는 훨씬 나중에서야 비로소 실현될 일을 앞지른 몇몇 예견이 다시 나오기도 하는 그런 역사적 삶 말이다.

우리는 한 시대를 살아가는 인간으로 불가피하게 우리가 수동적인 공물(貢物)을 바치게 되는 이 모든 존재를 정확히 통찰하면서 동시에 그에 맞서나가야 한다.

우리는 이제 우리의 최고의 정신적 재산에 속하는 정신의 연속으로서의 과거에 대한 우리의 의무가 매우 중요하다는 점을 기억할 필요가 있다. 아무리 멀리 떨어진 과거의 일이라 하더라도 그 지식에 기여할 수 있는 것이라면 무엇이든 온갖 노력과 경비를 들여서라도 지나간 과거 정신의 지평을 모두 재구성할 수 있을 때까지 수집해야 한다. 모든 세기와 이 유산에 대한 관계는 그 자체로 이미 인식이다. 그 인식이란 다음 세대에 의해 다시 역사적으로 형성된 것, 즉 유산으로 전화될 극복된 것, 어떤 새로운 것을 뜻한다.

이미 주어진 것으로서의 자신들의 문화의 장막을 결코 걷어내지 못하는 야만인들만이 이러한 장점을 포기한다. 그들의 야만성은 곧 그들의 무역사성이고 그들의 무역사성은 곧 그들의 야만성이다. 그들은 가령 자기 종족 고유의 전설이나 적들과의 차이에 대한 의식, 즉 역사적·민속적 초기 형식들을 보유한다. 그들의 행위는 오직 인종적으로 얽매어 있을 뿐이다. 상징에 의해 관습 따위에 얽매여 있는 상태는 과거를 앎으로써 비로소 풀려날 수 있다.

또한 미국인 역시 역사적인 것들을 포기하는데, 그 점에서 그들은 비역사적인 교양인이지만 구세계에서 나온 그들이 역사적인 것을 완전히 벗어던질 수는 없다. 역사적인 것은 그들을 부자연스럽게, 즉 허섭스레기로 얽어매고 있다. 뉴욕 부유층의 문장(紋章), 즉 칼뱅교의 가장 우스꽝스러운 형식들도 바로 이 연관에 속하는데, 그것은 의심스럽고도 지속적인 성격을 갖는 새로운 미국적 세속 유형의 교육이 다양한 이주민들에게서 출발하여 이르게 된 정신적 유령이다.

우리의 정신은 우리의 과제를 수행하기 위해 상당히 잘 무장되어 있다.

정신은 시간적인 모든 것을 이상적으로 포착할 수 있는 힘이다.

정신은 이상적인 성향을 갖는다. 사물의 외형적 모습이 이상적인 성향을 갖는 것은 아니다.

우리의 눈은 태양과 같은 성질을 갖는데, 그렇지 않으면 우리의 눈은 태양을 볼 수 없을 것이다.[87]

정신은 지상에서 다양한 시간을 보낸 자신의 꾸준한 삶에 대한 기억을 자신의 소유로 전환시켜야 한다. 마치 개인의 삶에서처럼 한때 환호였고 탄식이었던 것은 이제 인식이 되어야 한다.

이로써 역사는 인생의 스승Historia vitae magistra이라는 문장이 더 고상하고 동시에 더 순수한 의미를 갖는다. 우리는 경험을 통해 (단 한순간) 영리해지기보다는 (영원히) 지혜로워지길 바란다.

그 결과는 과연 어느 정도까지 회의적일까? 사실 진정한 회의주의는 시작과 종말이 알려지지 않고 중간이 지속적으로 움직이는 그러한 세계에 자신의 자리를 잡고 있다. 왜냐하면 종교의 입장에서 바라본 개선은 자신에 근거를 두고 있기 때문이다.

이 세계는 어쨌든 몇몇 시기에 가짜 회의주의로 충만해왔지만, 우리가 그에 대해 책임이 있는 것은 아니다. 회의주의는 가끔씩 갑자기 인기를 잃는다. 사람들은 결코 진정한 회의주의에서 충분한 것을 얻을 수 없을 것이다.

참된 것, 좋은 것, 아름다운 것은 우리의 고찰에서 제대로 인식되는 한 어떤 곤란도 겪을 필요가 없다. 참된 것과 좋은 것은 여러 면에서 시간에 의해 윤색되고 조건 지어진다. 가령 양심 역시 시간적으로 조건 지어진다. 그렇지만 헌신, 특히 시간적으로 조건 지어진 참된 것과 좋은 것에 위험과 희생이 뒤따르는 헌신은 무조건 위대한 것이다. 아름다운 것은 시간이나 시간의 변화에서 벗어나 있으며, 그 자체로 하나의 세계를 구성한다. 가령 고대 그리스의 참된 것과 좋은 것이 더 이상 우리의 것과 완전히 같다고 할 수 없는 반면, 호메로스와 피디아스Phidias[88]는 여전히 아름답다.

우리의 사색은 권리이자 의무일 뿐만 아니라 동시에 강한 욕구이기도 하다. 우리의 사색은 엄청난 보편적 구속성과 필연적인 것의 흐름에 대한 의식 한가운데서의 우리의 자유이다.

그러나 물론 우리는 우리의 인식 능력이 보편적이고 일반적으로 결핍되어 있고 종종 인식이 위협당하는 그 밖의 위험 요소들이 있음을 의식한다.

무엇보다도 우리는 인식과 의도라는 양극의 관계를 깊이 사유해야 한다. 이미 역사적인 그림을 그려나가는 데서부터 인식을 얻기 위한 우리의 요구는 전승이라는 방패막이 안에 자신을 의탁하고자 하는 의도와 수없이 마주치게 된다. 그렇지만 우리는 우리 자신의 시대와 개인의 의도에서 완전히 자유로울 수 없으며, 이것은 아마도 인식의 매우 심각한 적(敵)이 될 것이다. 이에 대한 가장 분명한 표본은 다음과 같다. 즉, 역사가 우리 시대나 우리가 가치 있다고 평가하는 인물에 가까이 다가오면 우리는 곧바로 이 모든 것을 매우 "흥미 있는interessanter" 것으로 느끼지만, 사실은 우리가 그에 "연관되어 있을interessierter" 뿐이다. 게다가 개인이나 전체의 운명에서 언급되는 미래란 그저 암울할 뿐이다. 우리는 계속해서 바로 그 암흑 안에 시선을 고정시킨다. 그리고 그 암흑 안으로는 우리 생각으로 분명하고 확실하지만 우리가 쫓아갈 수 없는 과거의 실가닥들이 수없이 뻗어 있다.

　만일 역사가 어떤 형태로든 우리 삶의 크고 중대한 문제를 해결하는 데 아주 적게나마 도움을 줄 수 있다면, 우리는 개별적이고 시간적인 근심 영역에서 우리의 시각이 이기적인 관점으로 흐려지지 않는 장소로 돌아가야 한다. 아마 저 멀리 떨어진 자리에서 좀더 차분하게 관찰함으로써 비로소 지상에서의 우리 행동의 진정한 사정이 밝혀질 것이다. 다행히도 고대의 역사에는 우리가 그 주요 사건의 흐름과 모든 방향의 정신적, 정치적, 경제적 상태들에 따라 생성, 성장, 소멸을 아주 자세히 추적해나갈 수 있는 몇몇 사례가 남아 있다. 특히 아테네의 역사가 대표적인 사례이다.

또한 의도는 기꺼이 스스로를 애국심으로 위장하기 때문에, 이 경우 진정한 인식은 오로지 자기 조국의 역사에만 몰두하려는 그러한 경향 안에서 자신의 주요 경쟁자를 만나게 된다.

조국의 역사 안에서 개인은 영원한 우선권을 갖는 경우가 있다는 것은 분명 사실이고, 또 조국의 역사를 취급하는 것은 진정한 의무이기도 하다.

또한 조국의 역사는 일종의 감화 수단으로 또 다른 중대한 연구를 필요로 한다. 그 이유가 우리의 바람이나 두려움과 상당히 긴밀히 연결되어 있기 때문이든, 아니면 우리가 인식의 진영에서 의도의 진영으로 넘어가려는 경향을 바로 거기에서 끊임없이 발견하게 되기 때문이든 말이다.

조국의 역사가 가지고 있는, 겉보기에 큰 매력은 부분적으로 착시 현상, 즉 무지몽매한 상태에서 벌어질 수 있는, 그에 대한 우리의 과장된 환대에서 나온다.

우리가 그 와중에 전개한다고 믿는 애국심은 다른 민족들에 게는 단지 일종의 거만이나 다름없으며, 또 바로 그 때문에 진리의 오솔길에서 벗어나 있고, 심지어 자기 조국의 범주 안에서의 일종의 당파 모색인 셈이다. 즉 애국심은 종종 다른 사람들에게 상처를 주는 것일 뿐이다. 이런 종류의 역사가 저널리즘이다.

형이상학적 개념들에 대한 확고한 규정, 그 자신의 범주에서 벗어나 있는 것은 무엇이나 반역으로 몰아붙이는, 좋은 것과 올바른 것에 대한 확고한 정의 외에도, 가장 일상적인 범부의 삶이나 영리 활동은 계속 이어진다. 맹목적으로 조국을 찬양하는 것 외에도 이와는 전혀 다른 또 하나의 중대한 의무가 있다. 즉 모든 것에 대한 진실과 모든 정신적인 것과의 관련성을 중요시하고, 또한 바로 이러한 인식에서 기질상 천성적으로 타고난 것은 아니더라도 진정한 시민적 의무를 발견할 수 있는 인간, 인식하는 인간으로 자신을 교육시켜나가는 것이 바로 그것이다.

사상의 제국 안에서 경계를 표시하는 모든 울타리는 손쉽게 하늘로 치솟아 오른다. 그러한 제국은 이 지구상에 그렇게까지 엄청나게 흩어져 있는 것은 아니어서, 오늘날 가령 한 민족이, 우리는 우리 자신에 완벽하게 만족한다거나 우리는 국산품을 가장 우선시한다는 말들을 할 수도 있다. 하지만 그들이 국산품을 선호하는 이유는 결코 산업 생산물 때문이 아니라, 품질이 같을 때는 관세와 운송비를 함께 감안하여 좀더 저렴한 것을, 가격이 같을 때는 품질이 좀더 나은 것을 취하려고 하기 때문이다. 그러나 정신적 영역에서 사람들은 그들이 이를 수 있는 좀더 나은 것, 최상의 것을 취해야 한다.

조국의 역사에 대한 진정한 연구는, 다른 시대나 민족들도 비추었던 같은 성좌를 환히 밝혀주고, 동일한 쇠퇴의 위협을 받으며, 또한 언젠가는 영원한 암흑의 나락에 떨어지겠지만 종국에는 위대한 보편적 전승(傳承) 안에서 똑같이 계속 살아나갈 조국, 이러한 조국을 세계사적인 것과의 연관과 그것들과 평행선상에서 거대한 세계 전체의 일부로 간주하는 연구가 되어야 할 것이다.

결국 행과 불행이라는 개념들은 순수한 인식을 추구하는 과정에서 제거되거나 제한되어야만 한다. 왜 그래야만 하는지에 대해서는 이 강좌의 마지막 장에서 자세히 고찰해볼 것이다. 여기서는 먼저 이 결핍과 위험에 맞서 있는, 역사적인 것에 대한 연구를 위한 우리 시대의 독특한 권능을 언급해야 할 것 같다.

2. 역사 연구를 위한 19세기의 권능

우리가 특별히 더 높은 역사적 인식을 가지고 있는지에 대해서는 의문의 여지가 없지 않다.

라소Ernst von Lasaulx[89]는 (자신의 주저 10쪽에서) 심지어 "오늘날 유럽 민족들의 생은 이미 많이 흘러가버렸고", 또한 "하나의 목표 지점으로 수렴되는 방향선들도 인식될 수 있으며, 미래의 실마리들이 도출될 수 있다"고 주장한다.

그러나 개인의 삶에서와 마찬가지로 인류의 삶을 위해서도 미래를 안다는 것은 결코 바람직한 일이 아니다. 그리고 미래를 알고자 하는 우리의 점성술이 빚어낸 초조함은 정말로 어리석은 짓이다.

우리가 가령 자신이 죽을 날짜나 자신이 있게 될 처지를 미리 알고 있는 한 개인의 상을 상상하든, 아니면 자신들이 몰락할 세기를 미리 알고 있는 한 민족의 상을 상상하든, 이 두 상은 불가피한 결과로, 해당 개인이든 민족이든 '맹목적으로' 즉 자신을 위해, 자신의 내적인 힘에 따라 살고 행동할 때에만 활짝 펼쳐질 모든 바람과 노력이 뒤섞여 있는 상태를 보여줄 수밖에 없을 것이다. 미래는 그 자체가 실제로 발생함으로써만 형성되는 것이며, 만일 그것이 발생하지 않는다면 개인이나 민족의 생존 과정과 결과도 다르게 형성될 것이다. 미리 알려진 미래는 일종의 자가당착이다.

바람직한 일이 아니라는 사실을 차치하더라도 미래의 일을 미리 안다는 것은 우리가 보기에 있을 법한 일도 아니다. 그러한 행위에 방해가 되는 것에는 무엇보다 바람, 희망, 두려움 등으로 인한 인식의 오류, 그 다음에는 사람들이 물질적이든 정신적이든 잠재적 힘이라고 부르는 모든 것에 대한 우리 지식의 결여, 그리고 갑자기 세상을 뒤바꾸어놓을 수 있는 정신적 전염소(傳染素)의 예측 불가능성 등이 있다. 게다가 자기 성찰과 합리적 사유가 지난 4백 년 동안 그래왔던 것처럼 언론 매체를 통해 전 지역 곳곳에 퍼질 때까지 강화되면서 자신의 소음으로 모든 것을 압도해버리고, 또 외관상 물질적 힘들을 완전히 자기에 의존하도록 만드는 한, 우리가 살고 있는 이 세계의 거대한 소리의 기만 현상도 여기서 함께 고려되어야 한다. 특히 그 물질적 힘들은 아마도 지금까지와는 다른 종류의 것으로 대단히 성공적으로 펼쳐질 기세를 보이고 있거나, 아니면 기존의 힘에 맞서는 다른 방향의 정신적 흐름이 우리의 목전에 다가와 있다. 이 정신적 흐름이 승리한다면, 그 흐름은 또 다른 흐름에 다시 넘겨질 때까지 그 자신의 나팔들을 포함한 모든 성찰을 자신에게 봉사하도록 만들 것이다. 결국 우리는 아무리 미래에 해당되는 것이라 할지라도 외형적 측면에서 민족 생물학에 대한 우리의 지식이 짧다는 것을 의식하게 될지 모른다.

그러나 우리 시대는 이전의 어떤 시대보다도 과거에 관한 지식으로 더 잘 무장되어 있다.

먼저 외적인 장려 요소들을 살펴보면, 우리 시대에는 여행을 많이 다니고 새로운 세계의 언어를 습득하거나 문헌학이 광범위하게 확산되어 모든 문헌에 접근하는 것이 가능해졌고, 문서국에 접근하는 것도 손쉬워졌으며, 여행 덕분에 모사된 그림들과 특히 사진들을 통해 많은 기념물에 쉽게 접근

하게 되었고, 성 마우루스의 수도회[90] 와 무라토리Lodovico An-
tonio Muratori[91]에게서 보여지는 것보다도 더 다양하고 역사
적인 것 자체를 더 많이 지향하는 정부와 각종 단체들에 의
해 다량의 사료 편찬 작업이 이루어지고 있다.

　내적인 장려 요소들도 있는데, 먼저 부정적인 것부터 살펴
보면 다음과 같다.

　무엇보다도 먼저 대부분의 국가들이 연구 결과에 대해 무
관심하다는 것이다. 오늘날 국가들은 자신의 존립에 있어 그
연구 결과에서 나온 것을 전혀 두려워하지 않는다. 이는 가
령 과거의 국가 형태(왕정)가 그 자신이 될 수 있는 것보다 훨
씬 가까이에 더 위험한 적들을 가지고 있었던 것과 대비된
다. 특히 그러한 현상은 모든 것을 되는 대로 내버려두고 말
하는 대로 내버려두는 일반 관행에서 잘 드러나는데, 그 이
유는 사람들이 매일 전혀 다른 것이 모든 신문에 등장하도록
내버려두어야 하기 때문이다. (그렇지만 프랑스가 이 문제를 너무
가볍게 취급했다는 주장을 제기할 수 있다. 프랑스 역사 서술의 급진적
인 분파는 프랑스 내에서 일어난 지금까지의 일들에 큰 영향을 주어왔
다.[92])

　다음으로는 현존 종교나 종파들이 그들의 과거와 그들의
현재 상태에 대한 모든 논의에 맞서 아무런 힘도 쓰지 못한
다는 사실을 지적해야 할 것이다. 종교들을 함께 정하고 만
들어온 원천적 관념들이 형성되던 시대, 민족, 상황을 고찰

하는 데 지금껏 엄청난 연구가 집중되어왔다. 거대한 비교 신화, 종교사, 교리사는 오랜 기간 동안 배제될 수가 없었다.

그렇다면 긍정적인 장려 요소들은 어떠한가. 무엇보다 18세기 말 이래로 엄청난 변화들이 어떤 정당화나 탄핵도 무시한 채 그보다 더 전의 일과 그 후의 일을 관찰하고 연구하는 것을 지상 명령으로 강요하고 있다.

이 83년간의 혁명의 시대[93]와 같은 격동의 시대는, 만일 그 자신이 모든 의식을 잃고자 하지 않는다면, 〔역사 연구를 통해〕 그러한 균형 감각을 만들어내야 한다.

우리는 오직 과거에 대한 관찰로부터 우리 자신이 현재 살고 있는 세계의 운동의 속도와 힘의 척도를 얻을 수 있다.

또한 프랑스 혁명이라는 사건과 그 이전 사건들에서 혁명의 이유는 물질적인 원인뿐 아니라 우선적으로 정신적인 원인에 대한 연구를, 그리고 이 원인의 물질적 결과로의 가시적 변화에 대한 시선에 익숙해지도록 만들었다. 전체 세계사 또한 원전들이 더 풍부하게 전해지는 한 바로 이러한 점을 가르쳐줄 수 있을지 모르지만, 이 시대만큼은 그 점을 가장 직접적이고도 가장 분명하게 가르쳐준다. 실용주의가 이전보다도 훨씬 중요하고 더 광범위하게 받아들여진다는 사실이야말로 오늘날 역사 고찰을 위해서는 하나의 큰 장점이 된다. 역사는 관찰Auffassung에서나 서술에서나 이제 엄청나게 흥미로운 일이 되었다.

게다가 문헌들의 정보 교환과 19세기의 세계시민적 교류를 통해 외부 세계를 바라보는 관점들은 무한히 다원화되었다. 멀리 떨어진 일들이 가까이 다가왔으며, 멀리 떨어진 시대나 지역에서 벌어지는 진기한 일들에 대한 개별적 지식 대신 인류 전체를 나타내는 하나의 상이 필요하다는 요구가 제기되고 있다.

마지막으로 최근의 철학에서 그 자체로 중요하고 일반 세계사적인 관조와 지속적으로 연결된 강력한 움직임들이 등장하고 있다.

그래서 19세기를 연구하는 것은 그전의 어떤 시대에서도 가져보지 못했던 보편성을 획득한다.

이와 같이 역사 연구가 전체 가시적이고 정신적인 세계에 걸쳐 엄청나게 확대되고 있고 '역사'라는 모든 과거의 개념이 계속 도를 넘어서고 있는 요즈음 우리의 임무는 과연 무엇일까?

완벽하게 극복하기 위해서는 미리 전제된 최고의 능력과 노력을 수반한 수천 가지 인간의 삶도 충분하지 않을 수 있다.

실제로 연구의 전문화는 가장 사소한 개개의 사실들에 대한 개별적 학문 연구에 이르기까지 계속 심화되고 있는 추세이다. 이 과정에서 아무리 훌륭한 생각을 갖고 있는 연구자들이라 하더라도 그들에게는 간혹 어떠한 기준도 없는 경우가 있다. 또 그들은 (그 연구 대상에 개인적 관심이 전혀 없는) 독자가 자신의 일상생활에서 몇 퍼센트나 그러한 연구 작품에 관심을 쏟아 부을 수 있을지에 대해서는 아무런 관심도 갖지 않는다. 개별적 학문 연구 성과를 저술할 때 사람들은 항상 타키투스Tacitus[94]의 《아그리콜라Agricola》를 옆에 끼고서, 더 멀리 떨어진 것일수록 더 덧없는 것이라고 말해야 할 것이다.

이미 개개의 시대나 개개의 역사적 지식의 분야를 다루는 모든 개설서는 조사된 사실들을 무한하게 제시하고 있다. 그러니 역사 연구를 시작하기도 전에 자포자기하고 싶은 마음이 들지 않겠는가!

우리는 여기서 역사 연구나 역사 서술에 전념하고자 하는 사람을 위해 특별히 신경 쓸 필요가 없다. 우리는 어떤 역사가도 어떤 보편사가도 만들어낼 생각은 없다. 우리는 우리의 기준을, 대학 교육을 받은 사람이라면 누구나 어느 일정 수준까지 스스로를 발전시켜나갈 수 있는 능력에서 끌어내 오고자 한다.

우리가 논하려는 것은, 이미 말한 대로, 역사에 대한 연구가 아니라 바로 역사적인 것에 대한 연구이다.

사실들에 대한 모든 개별적 인식은 특정 제국에서 끌어내온 지식이나 사상으로서의 그들 나름의 독특한 가치 외에도, 변화할 수 있는 인류 정신에 대한 일정한 한 시대의 지식으로서의 보편적이거나 역사적인 가치도 지니며, 동시에 올바른 관계에 놓이게 되면 이 정신의 연속성과 불멸성에 대한 증거를 제시하기도 한다.

모든 개별 학과를 위해 학문들을 직접 이용하는 것 외에도 여기에 참고가 될 만한 두 번째 학문 분야가 있다.

그 모든 것에 대한 전제 조건은 물론 하나의 확고한 연구이다. 사람들은 신학, 법학 또는 그 무엇이 되었든 그것을 꼭 부여잡고 학문적으로 연구해야 한다. 그것도 단지 평생의 직업을 구하기 위해서만이 아니라 꾸준히 공부하는 습관을 배우기 위해서, 하나의 특정 학과의 학문 분야 전체를 존중하는 태도를 배우기 위해서, 학문에서 필요한 진지함을 견고하게 키워가기 위해서 말이다.

그 밖에 이후 모든 다른 학문, 특히 다양한 문헌 연구를 위해 필요한 길을 열어주는, 그러한 예비 학문으로의 연구도 계속 이루어져야 한다. 즉 두 개의 고대어와 가능하다면 몇 개의 현대어에 대한 공부를 말한다. 사람들은 그렇게 많은 언어를 알 수 없다. 많이 알든 적게 알든, 사람들은 언어 학습을 완전히 방기해서는 안 된다. 훌륭한 번역들에는 경의를 표하지만──그 어떤 번역도 원문을 대체하지는 못한다. 원어는 단어와 표현에서 그 자체로 이미 하나의 최고의 역사적 전거(典據)이다.

다음으로 사람들이 다가온다고 그리고 꼭 붙잡아야 한다

고들 말하는 시간을 그저 날려버리기만 하는 그 모든 것을 피하라고 권유하고 싶다. 즉, 신문들이나 소설 나부랭이를 통해 정신을 황폐화시키는 오늘날의 행태에 거리를 두라는 것이다.

우리에게 필요한 유형의 사람은 일상의 무료함에 빠지지 않고, 연달아 이어지는 사상들을 유지시킬 수 있으며, 다른 사람들의 물질적 상상력을 필요로 하지 않거나 그것을 자신 안에 받아들였을 때 그 상상력의 노예가 되지 않고 오히려 다른 대상들처럼 그 상상력에 당당히 맞설 능력이 있는 사람, 상상력을 충분히 자기 것으로 갖고 있는 그러한 사람이다.

어쨌든 사람들은 가끔씩 의도에서 완전히 벗어나 인식으로 나아갈 줄 알아야 한다. 왜냐하면 그것 자체가 인식이기 때문이다. 또한 특히 역사적인 것을 관찰할 능력이 있어야 한다. 즉, 아무리 역사적인 것이 우리의 행복과 불행을 얻는 일과 직, 간접적으로 전혀 상관없다 하더라도 그래야 하고, 설령 그러한 일과 관련이 있다 하더라도 그것을 객관적으로 관찰할 수 있어야 한다.

더구나 정신적 작업은 단순한 향락이 되고자 해서는 안 된다.

모든 진짜 전승 자료는 첫눈에 낯설기 때문에, 또 그런 한에서 지루하게 보인다. 그 자료는 그들 자신의 시대를 위한 자기 시대의 관점과 관심사를 드러내 보여주기 때문에 우리에게는 전혀 와닿지 않는다. 반면 오늘날 가짜는, 마치 날조된 고전 유물들이 그러곤 했듯이, 우리를 겨냥해서, 또 바로 그 때문에 우리의 흥미를 돋우고 우리에게 친근하도록 만들어진다. 그 범주에 속하는 것으로 특히 오늘날 많은 사람이 역사를 대신해서 읽는 역사 소설이 있는데, 여기서 다루는 역사는 약간만 각색했을 뿐 본질적으로는 사실에 입각한 것이라고들 말한다.

일반적으로 절반 정도 교육받은 사람에게는 (몇몇 유행 문학을 제외하고) 모든 문학이, 그리고 과거의 문학 중 (아리스토파네스, 라블레, 돈키호테 등과 같이) 가장 재미있는 작품조차도 이해가 안 되고 지루하게 마련이다. 왜냐하면 오늘날의 소설들과는 달리 과거의 문학 작품들 중 어떤 것도 그에게 맞추어 만들어진 것은 없기 때문이다.

그렇지만 지식인과 사상가에게조차 과거는 처음에는 항상 낯설게 마련이고 그들이 그것을 자기 것으로 취하는 것 자체가 이미 작업이다.

학식이라는 법칙에 따라 이루어지는 어느 일정한 중요한 대상에 대한 완벽한 사료 연구는 완전한 인간을 요구하는 하나의 기도(企圖)이다.

가령 유일한 신학 또는 철학 사상의 역사는 그 자체로 많은 세월을 요구한다. 교회사, 교회법 등을 제외한, 단순히 교리사나 교회 학문의 역사로 이해된 전체 신학은, 모든 가톨릭 교단의 성직자들, 교회의 평의회, 교황 칙령 모음집, 스콜라 철학자, 이단자, 새로운 교리학자, 설교의 역사와 이론의 연구가들을 생각해보면, 엄청난 작업처럼 보인다. 비록 자세히 들여다보면 그들이 어떻게 서로를 필사(筆寫)하는지 알게 되고, 또 그 과정에서 방법도 알게 되며, 작은 부분에서 전체를 알아맞히기도 하겠지만, 만일 다행스럽게도 무엇을 볼 줄 아는 능력이 우연히 그쪽으로 눈을 돌리도록 해주지 않는다면, 허섭스레기 안에 숨겨진 채 놓여 있는 중요한 다른 반쪽 부분을 간과할 위험이 있다.

그 다음으로는 마비 증상에 빠질 위험이 있는데, 이는 가령 사람들이 너무 오랫동안 제한된 관심사를 갖고서 한 가지 문제에만 매달릴 때 생긴다! 버클Thomas Henry Buckle[95]도 17, 18세기 스코틀랜드 설교가들을 연구하다가 뜻하지 않게 뇌가 마비되는 증상을 얻었다.

또한 오늘날의 관점에서 원래 모든 것을 연구해야만 하는 사람인 박학다식자가 있다! 왜냐하면 이제는 모든 것, 단지 과거의 역사가들만이 아니라 모든 문헌과 모든 기념물이 사료이기 때문이다. 특히 기념물은 가장 오래된 시대를 위해서는 유일한 사료이다. 어떤 형태로든 전승된 것은 모두 또한 어떤 형태로든 정신과 그 정신의 변화 과정과 밀접히 연결되어 있고 또 그에 대한 지식이자 그것의 표현이다.

우리의 목적을 위해서는 여기서 오직 정선된 사료를 정독하는 것만을 언급해야 한다. 신학자, 법학자, 문헌학자는 멀리 떨어진 시대의 몇몇 문헌 자료를 취할 수 있는데, 그 이유는 단지 그 자료들의 내용이 좁은 의미에서 그들 자신의 학문 분야에 접해 있기 때문만이 아니라, 역사적인 의미에서 그 자료들이 인간 정신의 발전 과정에서 개별적인 특정 단계의 증거이기 때문이기도 하다.

진정으로 배우고자 하는 사람, 즉 정신적으로 풍요로워지기를 원하는 사람에게는 그가 스스로의 정신 작용을 통해 보편적인 것을 각각 발견하고 느끼는 한, 다행히 잘 선정된 유일한 사료가 얼마만큼은 엄청나게 많은 것을 대체시킬 수 있다.

초심자가 보편적인 것을 특별한 것으로, 그 스스로 자명한 것을 어떤 독특한 것으로, 개별적인 것을 일반적인 것으로 간주한다고 해서 해가 될 것은 전혀 없다. 모든 것은 연구가 진행되어가면서 저절로 수정되기 때문이다. 다시 말해 두 번째 사료를 끌어다 대는 것 자체가 이미 그로 하여금 유사한 것과 대비되는 것을 비교함으로써 이절판(二折判)의 대형 서적 스무 권조차 충분히 보증해주지 못하는 중요한 결론들을 내릴 수 있도록 해주기 때문이다.

그러나 사람들은 찾고 또 발견하길 원해야 한다. 그리고 사람들은 읽을 줄 알아야 한다bisogna saper leggere.[96] 사람들은 모든 허섭스레기더미 속에, 그것이 우리에게 보편적 가치가 있든, 개별적 가치만 지니든, 인식의 보석들이 사장(死藏)되어 있다는 것을 믿어야 한다. 아마 보통의 경우에는 전혀 중요하지 않은 한 작가의 단 한 줄의 글이 우리에게는 우리 전체의 발전에 결정적으로 중요한 한 줄기 빛을 비추어주는 역할을 할 수도 있는 것이다.

사료는 그래서 작업[97]과 비교해볼 때 영원한 우선권을 갖는다.

무엇보다도 사료는 사실을 순수하게 전해주고, 그럼으로써 우리는 그 사료에서 무엇이 도출될 수 있는지를 먼저 인식해야만 한다. 반면 작업은 우리에게서 좀더 뒤의 과제를 선취하고 사실을 이미 평가한 형태로, 즉 그 사실을 다른 낯설고 종종 잘못된 관계 안에 끼워 넣은 형태로 제시한다.

더 나아가 사료는 사실을, 그 원천과 원저자에 가까운, 즉 그 원저자의 작품이라는 형태로 보여준다. 사료의 어려움은 그것이 원래 가지고 있는 표현 방식 안에 있지만, 또한 그 표현 방식 안에는 사료의 매력과 더불어 모든 작업을 능가하는 사료 가치의 많은 부분도 담겨 있다. 여기서 우리는 다시 번역보다는 그 원래 언어와 그에 대한 지식이 매우 중요하다는 사실을 환기시킬 수 있다.

우리의 정신 또한 완전한 의미에서의 원사료와 올바로 화학적으로 결합한다. 여기서 '원(原)'이라는 단어는 물론 상대적인 의미를 갖는데, 왜냐하면 원사료가 손실되었을 경우에는 둘째 서열이나 셋째 서열의 사료가 그 자리를 대신할 수 있기 때문이다.

그러나 사료, 특히 위대한 인물들에게서 나온 사료들은 아무리 퍼내도 소진되는 일이 없기 때문에[98] 모든 이는 수천 번 이용된 책을 또다시 읽어야만 한다. 왜냐하면 사료들은 모든 독자, 모든 세기에 매번, 심지어 한 개인의 연령대에 따라 독특한 외관을 보여주기 때문이다. 그래서 가령 투키디데스의 글 안에는 백 년이 지난 연후에야 비로소 누군가 알아차리게 될 일급의 중요한 사실이 있을 수도 있는 일이다.

게다가 과거의 예술과 문학이 만들어낸 상 또한 끊임없이 변해가게 마련이다. 소포클레스Sophocles[99]는 지금 태어나는 아이들에게 우리에게 주었던 영향과는 근본적으로 다른 영향을 줄지도 모른다. 이것은 결코 불행이 아니라 지속적으로 살아 있는 교류의 결과일 뿐이다.

만일 우리가 사료들을 제대로 이해하려고 노력한다면, 그 대가로 이미 오래전에 예속되어 있던 것 또는 이른바 이미 오래전에 알려진 것에서 갑작스러운 직관이 떠오르는 그 중요한 순간과 미리 투자된 시간이 우리에게 다가오게 될 것이다.

여기서 중요한 질문 하나가 제기된다. 즉, 역사가가 아닌 사람은 선정된 사료에서 무엇을 기록하고 발췌해야만 하는가?

물적 사실 내용들은 이미 오래전에 수많은 개설서가 이용해왔다. 비역사가가 그 사실 내용을 끄집어내면 그가 나중에는 더 이상 관조할 수 없을 발췌물들이 겹겹이 쌓이게 된다. 그리고 독자에게는 아직 어떤 특별한 목적도 없는 상태이다.

그러나 만일 그 독자가 현저하게 멀리까지, 그리고 아직 무언가를 쓰지 않고 자신의 저자 안으로 더 파고들어 읽는다면, 그에게 하나의 결과가 나타날 수 있다. 그렇게 되면 그는 처음부터 다시 읽어가면서 사실들을 하나하나의 개별적 목적들에 맞게 기록하고, 그에게 무언가 특이하게 보이는 모든 것을 두 번째로 기록해나간다. 그것이 아무리 내용과 관련된 각 장의 제목이나 두 글자로 된 페이지 숫자를 기록하는 것에 불과한 것일지라도 말이다.

그렇게 되면 그 작업에 대해서 두 번째 혹은 세 번째의 목적이 형성된다. 다른 사료와 비교되는 것이나 대조되는 것 등이 추가로 발견되기도 한다.

물론 "이 모든 것과 더불어 다른 사람들이 훌륭하게 고통을 만들어낸 것에서 즐거움을 만들어내는 순수한 딜레탕티즘 Dilettantismus[100]이 정착된다!"

이 딜레탕티즘이라는 단어는 예술 때문에 평판이 나빠졌다. 왜냐하면 예술이란 본질적으로 완벽함을 전제로 하므로 예술 세계에서는 사람들이 아무것도 되지 않거나 최고 경지의 인물이 되어야만 하고, 자기 일생을 그 일에 투자해야만 하기 때문이다.

그에 반해 학문 세계에서는 사람들이 단지 제한된 영역에서만 대가(大家)가 될 수 있다. 즉 전문가로서 말이다. 사람들은 학문 세계에서는 어디에서나 전문가가 되어야 한다고 말한다. 그러나 만일 일반적으로 조망할 능력, 즉 그 조망의 중요성에 대한 인식을 상실하지 않는다면, 사람들은 가능한 한 다른 많은 곳에서, 적어도 자기 판단에 따르면, 자기의 인식을 증대시키고 관점들을 풍부하게 하기 위해 딜레탕트가 된다는 것이다. 그렇지 않으면 사람들은 자기 전문 분야를 넘어서는 모든 곳에서 그저 무식쟁이이거나 경우에 따라서는 야만적인 사람으로 남게 될 것이다.

그러나 딜레탕트는 일을 사랑하기 때문에 아마도 자기 인생의 과정 중 다양한 곳에서 진정으로 일에 몰두할 수 있을 것이다.

마지막으로 여기서 우리(역사학)와 자연과학 사이의, 그리고 우리와 수학 사이의 관계를 잠깐 언급해야 할 것이다. 이들은 우리의 유일한 사심 없는 동료들이다. 이는 가령 신학이나 법학이 우리를 통제하려 하거나 아니면 적어도 병기창으로 이용하려 들고, 철학이 모든 사람 위에 군림하려 하지만 사실은 이들에게 오히려 신세를 지고 있다는 사실과 대조된다.

우리는 수학과 자연과학에서의 연구가 그들 입장에서 모든 역사적 고찰 그 자체를 실제로 배제하는지의 여부는 묻지 않겠다. 어쨌든 정신의 역사가 이들 학과들에 의해 배제되어서는 안 된다.

이러한 정신의 역사 가운데 가장 엄청난 사실 중 하나가 바로 수학의 등장이다. 우리는 먼저 사물에서 떨어져 나온 것이 수인지, 선인지, 아니면 면인지 묻게 된다. 그리고 개별 민족들 사이에 이 문제에 필요한 합의가 어떻게 이루어졌을까? 그러한 결정(結晶)은 어떤 순간에 내려졌을까?

그리고 자연과학들은 언제, 어떻게 인간의 정신을 자연의 공포, 자연에 대한 숭배, 자연의 마법에서 벗어나도록 만들었을까? 자연과학들은 언제 그리고 어디에서 최초로 점차 자유로운 정신의 목적에 다가갔을까?

물론 자연과학들도 나름대로 변화를 겪어왔다. 즉, 일정한 한계 안에서, 특히 성직자들에게 일시적으로 봉사도 했고, 그들에 의해 체계적으로 규제도 당했으며, 위험하게 신성시되기도 했다.

가장 고통스럽게 비탄할 만한 점은 이집트 정신의 발전의 역사가 불가능해서, 그것이 기껏해야 가령 소설처럼 가설 형태로 제시될 수밖에 없다는 점이다.

그리스 사람들에게서는 자연과학을 위한 완전한 자유의

시대가 찾아왔다. 그럼에도 그들은 비교적 자연과학에 그다지 업적을 남기지 못했는데, 그 이유는 국가, 사색, 조형 예술을 위한 욕구가 그 힘들을 압도했기 때문이다.

알렉산드리아, 로마, 비잔틴과 이슬람 문명의 시대를 지나 서양의 중세에 이르러 자연과학은 오직 인정된 것만을 지원해주는 스콜라 철학 아래에서 봉사하게 되었다.

그러나 16세기 이래로 자연과학은 해당 시대의 천재를 측정하는 가장 중요한 척도 중 하나가 되었다. 자연과학의 발전을 저지시킨 것은 주로 학자와 교수들이었다.

19세기에 들어와서는 자연과학이 압도적으로 우세해졌으며 인기를 끌고 있음이 기정 사실화되었다. 이 사실에 직면하여 우리는 이러한 현상이 도대체 어디를 향해 나아가고 있으며, 우리 시대의 운명과는 어떻게 결합되어 있는가 묻고자 한다.

결국 자연과학들과 역사 사이에는, 단지 자연과학이 이미 말한 대로 역사에 어떤 것도 요구하지 않기 때문만이 아니라, 오히려 이 두 학문이 그저 이 세계 안에서 객관적이고 특정한 의도 없이 공존의 삶을 이어갈 수 있기 때문에 우정 관계가 유지되는 것이다.

역사는 그러나 자연과는 다르다. 역사가 창조하고, 생성시키고, 몰락시키는 것은 다른 모양새를 띤다.

자연은 각종 유기체가 완전한 형태로 발전해나가도록 해주며, 개체는 그것이 어떻게 되든 지극히 무관심한 반응을 보인다. 즉 자연은 천적의, 투쟁하는 유기체들을 만들어놓음으로써 그들이 유기체적으로 거의 완벽해질 때까지 서로를 멸종시키고 생존을 위해 서로 투쟁하도록 한다. 인류 역시 자연 상태에서는 이 범주에 속한다. 그들의 생존 형태는 동물의 세계와 거의 유사했다.

　그에 반해 역사는 성장하는 의식을 매개로 한 바로 이러한 자연과의 단절이다. 그러나 동시에 역사에는 인간을 맹수로 표현할 수 있을 만큼 원초적인 것들로부터 남겨진 것이 충분히 많다. 사회와 국가가 고도로 정교해지는 것과 동시에 한쪽에서는 개인에 대한 안전 보장이 전혀 없고 또 스스로 예속당하지 않기 위해 다른 사람들을 예속시키려는 욕구가 여전히 존속한다.

　자연에는 계(界), 속(屬), 종(種)이 있고, 역사에는 민족, 가족, 집단이 있다. 자연은 크게 보면 원초적인 욕구에서는 개체들 사이에 차이가 없지만 끝없이 다양한 종류 속에서 일관되게 유기체적인 과정을 겪는다면, 역사에서 (물론 동일한 한 인종 안에서) 그 다양함은 길게 보았을 때 그다지 중요하지 않다. 여기서는 명확한 경계들이 없지만, 개인들은 불균등, 즉 발전을 향해 치닫는다.

　자연이 몇몇 원형(가령 무척추동물과 척추동물, 현화(顯花)식물과 은화(隱花)식물 등)에 따라 만들어진다면, 민족에게 유기체는 유형이 아니라 점진적인 산물이다. 왜냐하면 이 유기체는 그 자체가 점진적으로 발전해나가는 독특한 민족 정신이기 때문이다.

자연의 모든 종은 자신의 생에 속하는 모든 것을 완전한 형태로 소유한다. 만일 그들이 이것을 소유하지 않는다면, 그들은 살 수도 없고 번식할 수도 없을 것이다. 그러나 모든 민족은 불완전하고 스스로 부족한 점을 보충하려고 애쓴다. 발전한 민족일수록 더 많은 것을 보충하려고 애쓴다.

자연에서는 종들의 발전 과정이 밝혀져 있지 않다. 그 과정은 아마도 자신의 특성에 속하는 체험을 축적하면서 이루어졌을 것이다. 그나마 훨씬 더 완만하고 진부하게 말이다. 반면 민족성의 생성과 수정 과정은 증명된 바에 따르면 일부는 자신의 특성에, 또 일부는 체험된 것을 축적하는 데 근거를 둔다. 다만 여기서의 과정은 의식적인 정신이 함께 작용하기 때문에 자연에서보다도 훨씬 빨리 진행된다. 더불어 여기서는 대립성과 유사성이 미치는 영향이 증명될 수 있는데, 민족성은 바로 그 영향과 맞아떨어지는 것이다.

자연에서는 고등 동물 집단에서조차 개체가 다른 개체들에게서——매우 강력한 천적이거나 매우 가까운 친구인 경우를 제외하면——아무런 의미도 지니지 않는 반면, 인간 세계에서는 우수한 개인이 다른 사람들에게 지속적으로 영향을 미친다.

자연에서는 종이 상대적으로 변하지 않고 머물러 있다. 잡종은 사멸하거나 애초부터 생식 능력이 없다. 반면 역사적인 생에서는 모든 것이 완전히 뒤섞여 있다. 마치 역사적인 생자체가 본질적으로는 더 위대한 정신적 과정의 결실에 속하기나 하는 것처럼 말이다. 역사의 본질은 바로 변화이다.

자연에서는 오직 외부 요인들, 가령 지상의 천재지변, 기후상의 재난, 더 뻔뻔한 종이 더 취약한 종을, 또는 더 천박한 종이 더 고상한 종을 압도하며 증식하는 현상에 의한 몰락만이 있을 뿐이다. 반면 역사에서는 몰락이 항상 내부 감소를 통해, 또 수명을 다함으로써 준비된다. 그런 다음 외부에서 충격이 가해지면 그 모든 것에 종말이 오게 된다.

진보와 보수의 경계에 선 '성공한 아웃사이더', 부르크하르트

1. 부르크하르트의 생애와 작품

야콥 크리스토프 부르크하르트Jacob Christoph Burckhardt는
1818년 5월 25일 스위스 바젤에서 태어나 1897년 8월 8일
역시 바젤에서 사망한 19세기 유럽의 대표적인 문화사가이
자 예술사가이다. 아버지 야콥 부르크하르트Jacob Burck-hardt
는 바젤의 개신교 교회 목사였고, 어머니 수잔 마리아 부르
크하르트 쇼른도르프Susanne Maria Burckhardt-Schorndorf는 바
젤 시 시의원이었던 다니엘 쇼른도르프Daniel Schorndorf의 딸
이었다. 부르크하르트는 여러 대에 걸쳐 바젤 교회의 목사를
지낸 부계의 혈통에서 지성적이고 학문적인 능력을, 멀리 이
탈리아에 본거지를 둔 어머니의 가계로부터는 감성적이고
예술적인 재능을 물려받은 것으로 알려져 있다. 채 열두 살
이 되기도 전에 집안에 전염병이 돌아 사랑하는 어머니를 여
읜 후 부르크하르트는 "지상의 모든 것에 대한 무상함과 불

확실함"[101]에 전율하고 이후 삶과 세계를 비관적인 색채로 바라보게 되었다. 인문계 고등학교를 졸업한 후 아버지의 뜻에 따라 1837년에서 1839년까지 바젤 대학교에서 잠시 신학을 공부한 부르크하르트는 곧 자신의 길이 신학이나 철학이 아님을 깨닫는다. 이미 1839년 여름학기부터 바젤 대학교에서 고전 문학과 역사학 강의를 들으며 향후 진로를 결정한 그는 그해 가을 당시 역사학 분야에서 명성을 떨치던 레오폴트 폰 랑케를 찾아 베를린 대학교로 적을 옮긴 후 본격적으로 역사학과 예술사를 공부하게 된다.

부르크하르트는 베를린 대학교에서 1839년 가을부터 1843년 봄까지 랑케, 드로이젠J. G. Droysen에게서 역사학 수업을, 그림J. Grimm, 뵈크 등에게서 독일 문학, 문헌학, 고전학 수업을, 쿠글러F. Kugler에게서는 예술사 수업을 듣는다. 그가 셸링의 철학 강의를 청강했던 것도 이 시기이다. 1841년 여름 한 학기 동안 본에 머물면서 벨커F. G. Welcker의 문화사 수업을 들은 것을 제외하면, 그의 베를린 생활은 1843년 졸업할 때까지 계속 이어진다. 베를린 시절의 스승들 중에서 특히 쿠글러와는 관심 분야가 비슷해 단지 학문적인 사제 관계를 넘어 가까운 친구로까지 확대되고 이러한 돈독한 관계는 1858년 쿠글러가 죽을 때까지 지속된다. 반면 랑케와는 평생 친밀한 관계를 맺지 못하고 마는데, 그 이유는 단지 연구 방법이나 방향, 정치 이념상의 차이를 넘어서

궁극적으로는 서로 메워질 수 없는 개인적인 성향의 커다란 간극이 두 사람 사이에 자리잡고 있었기 때문이다. 그렇다고 서로가 상대방에게 비판적인 태도만을 취했던 것은 아니다. 가령 이 시기에 자신의 중세사 세미나를 듣고 쓴 부르크하르트의 논문에 대해 랑케는 극찬을 아끼지 않았고, 부르크하르트 역시 자기 스승에 대해 개인적인 관계의 한계에도 불구하고 학문적으로는 항상 예우를 취했기 때문이다. 어쨌든 부르크하르트의 랑케에 대한 입장은 '애증'이라는 한 단어로 정의될 수 있을 것이다.

1843년 다시 고향 바젤로 돌아온 부르크하르트는 베를린 대학 재학 시절, 주로 랑케의 수업 결과물로 작성했던 몇 개의 크고 작은 논문(〈칼 마르텔Karl Martell〉, 〈콘라트 폰 호흐슈타덴Konrad von Hochstaden〉)을 바젤 대학에 제출하고, 박사 학위를 취득한다. 그 이듬해 초에는 역시 바젤 대학에서 〈1444년 아르마냐크 원정 시기의 프랑스의 상황에 대하여Über die Lage Frankreichs zur Zeit des Armagnakenzuges 1444〉라는 제목으로 교수 취임 강연을 하고 이 논문으로 역시 바젤 대학에서 교수 자격을 취득한다. 1844년부터 1845년 말까지 당시 보수 성향의 〈바젤 신문Basler Zeitung〉에서 편집일을 맡으면서, 진보와 보수 양 극단의 이념들을 비판하는 글도 기고하며 직업 생활을 시작한 부르크하르트는 역시 같은 기간인 1844년 여름부터 1845년 가을까지 바젤 대학교에서 예술사와 일반사를, 1848년부터는 바젤 시가 당시 철학부 소속의 모든 교수에게 의무화한 일종의 인문계 고등학교 상급반인 페다고기움Pädagogium에서 역사학을 가르치면서 본격적으로 강단 생활을 시작한다. 이 시기, 즉 대학 졸업 후 1848년 3월 혁명이 일어나기 전까지는 부르크하르트 생애에서 정신적으로나 육체적으로 가장 어려우면서도 동시에 가장 극적인 시기로 기록된다. 밖으로는 유럽의 정치적인 혼란기에다, 안으로는 부르크하르트 자신의 향후 거취와 인생의 진로를 결정해야 할 어려운 과제를 안고 있었기 때문이다. 거기에다 대부분 급진적이고 자유주의적인 혁명 사상으로 무장되어 있던 친구들과의 갈등을 감내해야 했다. 결국 그로 하여금 평생의 진로를 직업적 역사가로, 정치 이념은 끊임없는 현재 비판을 향한 자유주의 성향의 보수주의로 굳어지게 한 계기도 이 시기에 형성된다.

1852년 부르크하르트는 최초의 역사 대작《콘스탄티누스 대제 시대*Die Zeit Konstantins des Großen*》를 발표한다. 그로부터 3년 뒤 고대부터 17세기까지의 이탈리아 예술사를 건축, 조각, 회화의 장르별로 정리한《여행 안내서. 이탈리아 예술 작품 감상을 위한 안내서*Der Cicerone. Eine Anleitung zum Genuss der Kunstwerke Italiens*》(이하《여행 안내서》로 줄여서 표기한다)를 발표하는데, 이 예술사 대작으로 그는 1855년 막 신설된 취리히의 연방 공과 대학의 예술사 교수로 초빙되어, 1858년까지 재직한다. 1858년 내심 고대하던 바젤 대학교에서 역사학 정교수 자리를 제의해오자 그는 이를 기꺼이 수락하고 지체없이 고향으로 돌아온다. 이후 그의 명성이 널리 알려지면서 1862년 키일 대학교를 시작으로, 예나, 하이델베르크, 뤼빙엔, 괴팅엔 등 독일의 유수한 대학들, 심지어 1872년에는 베를린 대학교에서 랑케의 후임 교수직에 대한 제의가 있었지만, 그는 이를 모두 거절하고 1893년 퇴임할 때까지 고향인 바젤과 바젤 대학교를 떠나지 않는다. 이와 같이 그가 유명해진 결정적인 배경에는 물론 1860년 출간된 그의 기념비적인 대작《이탈리아 르네상스의 문화. 시론 *Die Kultur der Renaissance in Italien. Ein Versuch*》이 자리잡고 있다. 그로부터 7년후 빌헬름 뤼프케 Wilhelm Lübke와 공동 저술한《근대 건축 예술사 *Geschichte der neueren Baukunst*》(부르크하르트는 이 중 이탈리아 르네상스의 건축 예술사를 저술했다)를 마지막으로 부르크하르트는 자신의 저작 출간에 회의를 느끼고 더 이상 어떤 책도 발표하지 않는다. 그를 유명하게 만든 책, 즉《세계사적 고찰 *Weltgeschichtliche Betrachtungen*》이나 전 4권으로 된 대작《그리스 문화사 *Griechische Kulturgeschichte*》 등은 모두 문헌학자였던 그의 외조카 야콥 외리 Jacob Oeri가 부르크하르트 사후 그가 남긴 강의 노트들을 근간으로 편집, 출간한 책들이다.

그러나 우리는 이와 같이 생전에 네 권의 책만 발표한 부르크하르트가 보여준 성과만을 가지고 그의 학문적 업적을 결코 과소평가해서는 안 될 것이다. 장기간의 이탈리아 여행 등으로 강단 생활을 잠시 중단했던 1845년부터 1848년까지의 기간과 취리히 공과 대학교에 근무하던 1855년부터 1858년까지의 기간을 제외한 1844년부터 1893년까지 약 50년 동안 부르크하르트는 바젤 대학교에서 단 한 학기의 휴가도 없이 모두 85학기에 걸쳐 총 165개의 크고 작은 유럽사, 문화사, 예술사를 강의했고, 역시 같은 기간에 145회 정도의 교양 시민을 위한 공개 학술 강연을 열었다. 특히 1886년부터 그는 건강상의 이유로 예술사 강의만을 전담하게 되는데, 이들 강의와 강연들을 위한 강의록과 강연록이 대부분 현재 바젤의 국립 문서국(StABS)에 보관되어 있다. 그중 일부는 이미 그의 제자들이 주축이 되어 1929년부터 1934년에 걸쳐 모두 14권으로 발행된 그의 전집 안에 부분적으로 발췌되어 출간되기도 했고, 또 그 후에도 문서 작업을 거친 후 단행본으로 간간이 출간되고 있는 형편이지만, 그 양은 전체에 비하면 극히 미미한 수준이다. 이 책에 소개된 《세계사적 고찰》, 《그리스 문화사》, 《혁명 시대의 역사》역시 그의 강의록들로 현재 출간된 것 중 가장 유명한 작품들에 속한다.

평생 독신으로 검소하고 소박하게 살았던 부르크하르트는 비록 일기나 회고록 등은 쓰지 않았지만, 친구나 스승, 제자 등 주변 사람들에게 엄청난 양의 편지들을 남겼다.

1949년부터 1986년까지 총 10권 분량으로 출간된, 그의 정신과 개성을 한눈에 볼 수 있는 이 편지들은 오늘날 개인적인 생활 기록의 차원을 넘어서 당시의 정치, 사회, 경제, 문화적인 시대상이나 이에 대한 그의 견해와 전망들이 상당히 비판적이면서도 비관적인 분위기로 기록되어 있는 중요한 사료로 평가받고 있다. 바로 이 편지들과 《세계사적 고찰》을 근거로 부르크하르트는 20세기에 들어와서 산업화와 정치 혁명들로 얼룩진 19세기의 한복판을 살면서 대중 사회나 대중 문화, 세계대전이나 자본주의와 공산주의의 충돌 등 미래를 내다볼 줄 알고 시대를 앞서간 현재비판의 역사가이자 사상가로 재평가되기에 이르렀고, 그와 그의 작품들에 대한 해석은 지금까지도 여러 각도에서 계속되고 있다.

2. 부르크하르트의 문화사학: 유럽의 고전 문화와 정신의 수호

이미 생전에 명성을 드높인 부르크하르트의 학문적 진가는 무엇보다도 당시 주류를 형성하던 정치사학에 대항한 독특한 문화사학에서 찾아볼 수 있다. 1860년에 발표된 《이탈리아 르네상스의 문화》에서도 그의 문화사학의 독특함이 유감없이 드러나고 있지만, 말년의 대작 《그리스 문화사》에서는 그 부분이 더 확대되고 성숙한 모습으로 완성되고 있음을 볼 수 있다. 부르크하르트의 문화사학의 정수가 담겨 있는 이 작품은 원래 그가 1872년 봄부터 1886년 초까지 모두 열 차례에 걸쳐 행한 같은 제목의 강의 노트를 근간으로 그의 조카가 1898년부터 1902년에 걸쳐 모두 네 권의 책으로 출간하면서 빛을 보게 되었다. 이미 이 책의 처음 두 권이 출간된 1899년을 전후로 학계의 반응은 대부분 냉담하거나 심지어 공격적이기까지 했다. 많은 비평가들의 주장에 따르면, 이 '대담무쌍한 아마추어 학자'는 지난 19세기 초반 이래로 문헌학자들이 이루어놓은 그리스 고전 문학과 역사에 관한 수많은 연구 성과와 중요한 자료들을 거의 참조하지도 않았고, 따라서 이 작품이 '학문적으로' 높이 평가받을 만한 근거는 전혀 없다는 것이다. 심지어 어떤 학자는 이 작품이 단지 부르크하르트의 작품이라는 이유 하나로 이미 더 이상 '신중하게' 볼 필요도 없다는 혹평을 하기도 했다. 네 권의 책이 모두 완간된 1902년의 일부 서평에서 이 작품이 그리스 세계에 대한 '참신한 해석'을 제시하고 있다는 평가가 있기도 했지만 전반적으로 부정적이었던 견해가 역전된 것은, 그에 대한 모든 평가가 새롭게 내려지기 시작한 1930년대와 2차 세계대전 이후라고 보는 것이 아마 타당할 것이다.

실제로 부르크하르트는 이 작품을 구상하기 시작하면서부터 그러한 비난들이 쏟아져나올 것이라고 예상하고 있었다. 왜냐하면 그는 자신이 문헌학자가 아니라는 사실, 그래서 전문가인 체하지도 않을 것임을 잘 알고 있었고, 또 실제로 자신이 평소 즐겨 사용하던 '딜레탕티즘'을 십분 발휘하여 역사가로 당시 전문 문헌학자들과는 다른 방향과 각도에서, 그리고 전혀 다른 방법으로 작업해나갔던 것이다. 그 결과 부르크하르트는 당시까지만 해도 여전히 지배적이던 밝고 명랑한 고전적인 그리스 상에서 벗어나, 오히려 베를린 학창 시절의 스승이었던 뵈크의 견해를 따라 그리스 문화와 정신을 전반적으로 어둡고 비극적인 색채로 그려나갔다. 그리스인들은 우리가 생각하는 것보다 훨씬 더 '비관주의적으로' 사고했다고 주장한 부르크하르트가 그렇다고 그리스 문화나 예술까지 비관적이거나 퇴폐적으로 해석했던 것은 물론 아니다. 오히려 그는 바로 그러한 사유 경향 때문에 그리스인들이 고전적 아름다움이나 이상적인 모습을 담고 있는 훌륭한 철학, 문학, 예술 등을 창조할 수 있었다고 설파한다.

《그리스 문화사》의 중요성은 단지 해석의 참신성에만 있는 것은 아니다. 이 작품은 또한 부르크하르트 문화사학의 방법과 이론을 파악하기 위해서는 반드시 참고해야 할 필독서로 평가받고 있는데, 그 이유는 바로 이 작품의 서문이 그러한 내용들을 담고 있기 때문이다. 한마디로 문화사 방법에 대한 부르크하르트 자신의 이론적 성찰과 그에 대한 기록으로《그리스 문화사》의 서문에 필적할 만한 자료는 없다고 해도 과언이 아니다. 여기서 부르크하르트는 문화사의 과제, 방법, 장점과 단점 등을 체계적이고 논리적으로 서술하고 있다. 우선 그는 문화사의 과제를, 해당 민족과 시대의 '사고방식과 관조'를 파악하고 '제시'하는 것, 그리고 그 민족과 시대의 역사를 주도했던 '구성적이고 파괴적인 힘들'을 '인식'하고 서술하는 것으로 규정한다. 이러한 규정은 얼핏 그의 문화사가 다른 정신사와 다를 바 없는 것이 아니냐는 의혹을 낳을 수 있다. 이러한 의혹은 "문화사는 과거 인류의 내면으로 파고들어가 그들이 어떻게 존재했고, 원했고, 생각했고, 관찰했고, 할 수 있었는지를 말해준다"[102]는 그의 주장에 이르면 한층 더 강하게 불거진다. 이런저런 이유로 과거나 현재의 여러 종류의 문화사 중에서 부르크하르트의 문화사를 정신사적 문화사로 분류하는 것도 이 때문에 결코 틀린 주장이라고 할 수는 없다. 그러나 더 자세히 들여다보면, 그의 문화사는 정신사나 이념사(미국사학사적 의미로는 사상사와 지성사, 또 프랑스 사학사적 의미로는 심성사)와 구별된다. 왜냐하면 후자가 일반 역사보다도 정신이나 이념의 실제 내용들에 더 많이 천착하는 데 반해, 부르크하르트의 문화사는 자신의 강령적 주장에도 불구하고 정치사까지도 포함하는 일반 역사 안에서 발현되고 있는 문화-정신적 컨텐츠에, 그리고 일반 역사와 그것들 사이의 상호 작용에 집중되고 있기 때문이다.

이 책에서 언급되고 있는 부르크하르트 문화사의 방법은

크게 연구 대상, 작업 방식, 사료론, 서술 양식 등으로 세분된다. 먼저 문화사의 연구와 서술 대상은 이미 그 과제에서도 암시되듯이, 과거 인간들의 내부 세계를 모두 포괄한다. 인간들의 정신과 마음을 표현한 것이면 무엇이나 문화사의 연구 대상이 될 수 있다는 뜻인데, 이러한 대상 규정은 동시에 문화사의 사료를 결정하고 있는 셈이다. 이 때문에 부르크하르트는 문화사의 사료에는 "단지 글로 기록된 문헌들만이 아니라, 모든 전승물, 특히 그중에서도 건축물과 예술작품"[103]도 포함된다고 역설한다. 한마디로 과거 인간들의 정신세계를 표현한 것이면 무엇이든 사료가 될 수 있다는 주장인데, 이러한 그의 사료론은 아무리 동시대의 역사가들이 그런 생각을 하고 있었다 하더라도 표현하는 일은 드물었다는 점에서, 그리고 오늘날 대부분의 역사가들이 공감하고 추종하는 견해라는 점에서, 시대를 앞선 그의 통찰력이 돋보이는 부분이라고 할 수 있다. 부르크하르트는 또 문화사가 개별 사실들보다도 인간의 내면에 천착함으로써 '순간적인 것', '발생했던 것'보다 '변하지 않는 것' 또는 '전형적인 것'에 더 많은 관심을 두기 때문에 '개인들'이나 '개별 사실들의 서술'을 피하고 해당하는 시대의 '영원한 인간'과 '하나의 형상'을 얻을 수 있다고 강조한다. 이는 곧 그의 문화사가 일반 역사에서 취급하는 '사건사'가 아니라 역사 상태와 현상을 서술하는 '상태사'임을 표현한 것이라 할 수 있다. 그러다 보니 문화사의 작업 방식 또한 자연히 "그룹별로 묶어가는" 방식,[104] 즉 범주화, 구조화, 유형화 방법을 취할 수밖에 없다. 결국 이러한 연구 방법은 서술 방식에도 영향을 주어, 부르크하르트는 연구 방법에 상응해 "비록 역사적인 방법은 취하되 이야기 형식은 피해야 한다"고 밝힌다. 특별히 명시하지는 않았지만, 그는 이로써 문화사가 사건들의 이야기체 서술 양식Narration을 지양하고, 상태를 묘사Description하거나 항목을 설명Explanation하는기술 형식을 취해야 함을 강조한 셈이다.

이 책에서 주장되고 있는 문화사학의 장점과 단점은 위의 방법적 부분과는 달리 설득력을 갖는 것처럼 보이지도 않고 또 그만큼 명료하지도 않다. 왜냐하면 우선 여기서 제시되는 장점과 단점 중 많은 부분이 특별히 문화사에만 한정된다기보다 모든 종류의 역사 연구와 서술 일반에 적용되는 문제처럼 보이기 때문이다. 가령 문화사적 사료들을 근거로 문화사가 정치사보다도 더 '확실한' 작업 결과를 얻을 수 있다는 주장에 독자들은 선뜻 동의하기 어려울 것이다. 그 밖에도 문화사의 한계로 지적되고 있는 '가설' 사용의 불가피성은 비단 문화사뿐만 아니라 모든 역사 연구에 적용되는 문제이다. 이러한 문제들로 인해 실제로 부르크하르트는 자신의 저술들에서 불과 한두 군데만을 제외하면 일반사와 문화사 사이를 개념적, 방법적으로 구분하지 않았다. 이러한 혼란상은 실제로 역사를 서술하는 데서도 나타나 그의 문화사 서술

중——아무리 문화사 영역이 많은 부분을 차지한다 하더라
도——정치나 일반 역사 부분이 완전히 제외된 작품은 하
나도 찾아볼 수 없는 실정이다. 바로 이를 통해서 우리는 부
르크하르트 문화사학이 전통적인 의미의 제도적 정치사학
을 완전히 무시하지 않았다는 시대적 한계를 읽어낼 수 있
다. 더 나아가 방법적인 측면에서 보더라도 그의 문화사학은
나름대로 새로운 연구와 서술 방법을 제시했음에도 전통적
인 해석학적 방법과 이야기체 서술 방식을 완전히 탈피하지
못했다는 비판에서 결코 자유롭지 못하다.

그러나 이러한 방법과 이론의 한계보다 더 심각한 것은 그
주제와 내용의 한계, 구체적으로는 부르크하르트의 사상과
이념의 한계이다. 프랑스 혁명과 산업화로 열린 19세기 근
대 산업 사회의 모든 폐해, 즉 권력 국가 등장, 배타적이고 공
격적인 민족주의, 물질 만능주의, 경제 지상주의, 과격한 사
회주의, 공산주의, 민주주의 사상, 저급한 대중 문화 등의 불
안한 현실과 불확실한 미래 등 혁명 시대의 이러한 총체적
위기 앞에 부르크하르트는 구유럽의 고전 문화와 전통을 수
호하는 것을 스스로 어떤 '유럽' 지식인의 사명이자 소명으
로 여겼다. 그리하여 그는 서양 역사상 문화적으로 가장 번
성했던 기원전 5세기의 그리스 아테네와 르네상스 시기 이
탈리아의 피렌체를 영원한 '정신적 교합 장소'로 이상화하면
서,[105] 이들 소도시국가들의 역사를 재구성하는 것을 자신의

필생의 업으로 간주했다.《이탈리아 르네상스의 문화》와《그리스 문화사》는 바로 그 결실이었던 것이다.

　이러한 형식과 내용의 한계에도 불구하고 그의 문화사학이 갖는 사학사적인 의의는 결코 적다고 할 수 없다. 우선 외형적인 부분에서의 의의는 가능한 한 정치사학이나 해석학적 연구 방법, 이야기체 서술 형식 등 옛날부터 내려오는 방식들을 지양하고, 그 자신의 독특한 문화사 개념과 방법적 가능성을 열어 보였다는 것이다. 즉, 그의 문화사학은 정신사적이면서도 정치사를 배제하지 않는 '상태사'로서의 새로운 문화사 개념, 구조화와 유형화라는 새로운 연구 방법의 가능성, 묘사와 설명이라는 새로운 역사 서술 유형 등을 보여주었다는 점에서 서양 사학사상 하나의 이정표를 제시했다고 할 수 있다. 내용면에서도《이탈리아 르네상스의 문화》나《그리스 문화사》등은 나름대로 새로운 관점에서 풍부한 사실들을 제공함으로써 19세기적 문화사 서술의 한 전형이자 오늘날까지지도 꾸준히 읽히고 인용되는 고전으로 자리매김하고 있다.

3. 부르크하르트의 예술사학: 형식의 진보성과 내용의 보수성

장례식 때 낭독되길 바라는 마음에서 죽음을 몇 년 앞두고 작성한 짤막한 자서전에서 부르크하르트는 다음과 같이 쓰고 있다. "역사 외에 그[부르크하르트 자신을 말한다]를 예전부터 잡아 끈 것은 예술을 관찰하는 것이었고, 베를린이라는 도시가 그에게 마련해준 온갖 종류의 풍부한 정신적 자극 외에 그곳의 박물관들은 애초부터 그에게 삶의 원천이자 미적 탐구의 욕구를 충족시키는 원천이었다."[106] 예술에 대한 부르크하르트의 타고난 관심과 재능은 이미 이 고백의 내용을 훨씬 넘어서 있다. 그가 학창 시절에 쓴 많은 편지들은 이탈리아나 독일을 비롯한 많은 유럽 지역을 방문하고 감상한 역사적 건축물과 예술작품들에 대한 찬미와 감탄으로 가득 차 있다. 또 실제로 크고 작은 그의 초기 작품들은 대부분 예술작품과 그에 대한 비평, 예술사와 관련된 주제로 일관하고 있다. 그 밖에 젊은 부르크하르트는 여행 중에 방문한 거의 대부분 지역의 건물, 풍경 등을 간단한 스케치나 소묘로 남기고 있으며, 이미 학창 시절 시인이 될까 역사가가 될까를 잠시 고민했을 정도로 아름다운 시들을 많이 짓기도 했다. 그런가 하면 중년 이후에 자신의 외로운 독신 생활에 위안이 되곤 했던 피아노 연주 실력도 상당했던 것으로 알려져 있다. 그런 그가 나중에 예술사가가 되지 않았더라면 오히려 그 편이 더 이상하게 보였을 것이다.

말년까지 이어진 이러한 역사와 예술의 동가적(同價的) 중요성에 대한 부르크하르트의 초기 관념은 결국 1855년에 발표된 《여행 안내서》라는 책에서 처음으로 구체화된다. 이 작품은 부르크하르트가 고등학교 재학 시절부터 기회만 닿으면 여행을 갔던 이탈리아 곳곳의 예술작품들, 건축물들에서 받은 인상과 그것을 해석한 기록을 기반으로, 고대부터 17세기까지의 이탈리아 예술사를 건축, 조각, 회화의 장르별로 정리하여 저술한 방대한 분량의 예술사 대작이다. 원래 베를린 학창 시절 예술사 스승이었던 프란츠 쿠글러에게 헌정한 이 작품이 거둔 성공은 앞서 언급했던 대로 출간되자마자 저자가 곧바로 취리히 연방 공과 대학교 예술사 교수로 초빙되었다는 점 외에도, 이후 불과 몇 년 사이에 중판을 거듭했을 만큼 지속적으로 소비되었다는 사실에서도 알 수 있다. 상당히 평이하게 저술된 이 책은 특히 독일 교양 시민 계층에게 많은 인기를 끌어 웬만한 가정을 방문해보면 응접실 서가에 이 책이 반드시 꽂혀 있을 정도였다고 한다.

그러나 이 책, 또는 부르크하르트가 쓴 다른 어떤 예술사 관련 저술이나 강의 노트의 서문을 보더라도, 그가 《그리스 문화사》 서문에서 했던 것과 같은 방법적, 이론적 성찰은 찾아볼 수 없다. 가령 《여행 안내서》 서문에서도 이 책이 어떻게 탄생했고, 어떤 목적을 가지는지, 그리고 어떤 특징이 있는지가 약 세 쪽 남짓한 분량으로 간단히 설명되어 있을 뿐이다. 바젤 대학교에서 부르크하르트의 예술사 교수직을 이어받은 그의 제자 하인리히 뵐플린Heinrich Wölfflin도 이 점을 다음과 같이 표현했다. "그의 예술사적 방법에 대해서 사람들은 어떤 관념도 가질 수가 없었다. 그리고 부르크하르트는〔예술사 수업을 위해서〕어떤 연습 과목도 개설하지 않았기 때문에, 그 모든 일관된 형식적 분석 또한 결여되어 있었다. 하지만 부르크하르트가 의도했던 주요 목적은 완벽히 성취되었는데, 그 목적이란 예술의 세계를 접하고 작업하는 일이 그만큼 노고를 들일 만한 가치가 있다는 믿음을 일깨우는 것이었다."[107] 사정이 이렇다 보니 부르크하르트가 예술사에 대해 기본적으로 어떤 생각을 가지고 있었고, 또 어떤 방식으로 작업했는지를 밝히는 일은 결코 쉽지 않다.

우선 그는 자신이 직접 작성한 한 백과사전의 해당 항목에서 예술사학을 문화사학에 종속되는 역사 서술의 한 장르로 규정했다. 참고로 역사 서술의 한 갈래로 예술사라는 분야가 인식되기 시작한 것은 근대에 들어와서의 일이고, 이미 18세기에 빙켈만이 현대적 의미의 학문으로 기초를 마련했다. 1764년에 발표된 빙켈만의 저술《고대 예술사 Geschichte der Kunst des Altertums》는 최근 타계한 영국의 저명한 예술사가 곰브리치E. H. Gombrich가 "현대 예술과학의 씨앗"이라고 평

가할 만큼 체계적으로 작업된 '양식사'의 기원을 이루는 작품이다.[108]

그러나 19세기 중반까지도 여전히 주류를 이루고 있던 예술사의 기본적인 방법은 르네상스 이후 시행되던 고답적 방식, 즉 예술가들의 생몰연도에 따라 연구하고 서술하는 것이었다. 여기에 한 가지 더 첨가된 방법이 있다면, 당시 예술사가들이 일반 역사학 분야에서 보편적으로 사용하던 '역사적-비판적' 방법을 예술작품들의 분석에 차용했다는 정도이다. 부르크하르트는 바로 이러한 역사적-비판적 연구 방법과 연대기적 서술 방식을 지양하고, 예술을 각 장르와 양식뿐 아니라 그 과제, 임무, 역할 등에 따라 연구하고 서술함으로써 빙켈만을 계승했다. 이 방법을 표현하는 부르크하르트 자신의 모토는 '과제에 따른 예술사'였다. 이에 따라 그는 이미 최초의 예술사 저서인 《여행 안내서》에서 서술 대상을 조형예술의 세 장르로 대별한 후, 각 분야의 발전 경향을 예술사가들의 생몰년이 아니라, 때로는 시대나 세기별로, 때로는 르네상스, 바로크, 매너리즘, 현대예술 등 양식별로 구별하여 그에 속하는 각각의 예술가들의 작품을 분석해나갔던 것이다.

그러나 부르크하르트의 예술사 연구와 서술 형식에서의 이러한 참신성이 서술 내용에까지 연장되지는 못했다. 우선 이 책에도 나와 있듯이, 부르크하르트는 16세기 초 피렌체 회화를 이탈리아 르네상스 예술의 절정으로 보고 있다. 특히 그가 개인적으로 가장 선호했던 인물은 이 시기의 세 명의 천재 중에서도 라파엘로였다. 부르크하르트가 이 책에서 해석하고 있는 것보다 실제로는 더 많은 회화 작품을 남긴 레오나르도 다 빈치의 회화 부분을 길게 다루지 않고 넘어간 배후에는, 그 다음에 이어지는 두 화가, 미켈란젤로와 라파엘로의 작품들을 더 자세히 소개하고 그들 각자의 특징을 더 선명하게 부각시킴으로써 그 둘을 대비시키려는 의도가 숨어 있는 것으로 추측된다. 왜냐하면 그는 미켈란젤로의 예술적 천재성을 인정하면서도 자신의 개인적 취향, 즉 전통적인 고전미와 귀족적인 분위기에 맞지 않는다는 이유로 그의 예술 전반에 혹독한 비판을 가하고 있기 때문이다. 자신이 살던 혁명 시대처럼 급격히 변화무쌍하게 변해가는 역사 과정의 혼돈으로부터의 안전판을 무엇보다도 인간적인 것과 미학적인 것에서 찾고자 했던 부르크하르트는 그 두 가치를 동전의 양면으로 보고 있는데, 이는 특히 그가 미켈란젤로와 라파엘로를 다음과 같이 비교 서술하고 있는 부분에서 극명하게 드러난다.

예술적으로 아주 멋지게 꾸밀 수 있는 존재의 거대한 부분들이 미켈란젤로에게는 닫혀진 채 남아 있다. 가장 아름다운 영혼의 모든 영감(그것들을 일일이 열거하기보다는 라파엘로를 지적하는 것으로 충분할 것이다)을 그는 옆으로 제쳐놓았다. 우리의 생을 값지게 만드는 모든 것이 그의 작품 세계 안에서는 아주 드물게 나타난다. 그가 이상적이라고 간주한 형식을 만들어내는 것도 고상하고 아름다운 것으로 단순화된 자연스러움보다는 오히려 일정한 측면들을 향해 물질적으로 강화된 자연스러움을 보여준다. 아무리 고차원의 관계라 하더라도, 또 어떤 힘을 표현하더라도, 그것들이 일정한 어깨의 넓이, 목의 길이, 그 밖의 다른 모양들이 자의적이고 경우에 따라서는 기괴하기까지 하다는 사실을 망각하도록 하지는 않는다.[109]

이 서술에서 드러나는 부르크하르트의 예술관, 즉 미적 관점은 '고전적'이라는 한마디로 요약된다. 고전성이라는 가치는 곧 그가 예술작품을 판별하고 해석하는 시금석이었다. 이처럼 예술작품들에 대한 그의 해석이 전체적으로 너무 지나치게 고전적 미를 강조하는 방향으로 나가다보니 경우에 따라서는 지나치게 과장되거나 심지어 실제 관찰되는 것과는 다른 해석까지 보이고 있다는 문제점이 나타난다. 이러한 문제점은 비단 이 작품에서만이 아니라 부르크하르트의 다른 예술사 관련 저술들에서 공통적으로 나타나는 현상이다.

이러한 한계에도 불구하고 부르크하르트는 빙켈만의 전통을 수용하여 예술사 연구와 서술을 위한 그 나름의 방식을 정립했다. 그의 이러한 예술사 연구 방식은 결국 제자 뵐플린이나 리글A. Riegl과 같은 이른바 빈학파의 학자들에게 계승되어 19세기 말과 20세기 초 독립적으로 발달하기 시작한 현대 예술과학Kunstwissenschaft이 등장하는 데 결정적인 산파 역할을 하게 된다.

4. 부르크하르트의 현대사학: 현재비판의 이론적 토대이자 성과

일반인들에게는 문화사가이자 예술사가로, 또는 좀더 내막을 아는 사람들에게는 수많은 편지에서 자기 시대를 비판한 사상가로 알려진 부르크하르트가 자신이 살았던 시대의 역사도 연구한 현대사가이기도 했다는 사실을 아는 사람은 그리 많지 않을 것이다. 니부어B. G. Niebuhr, 랑케, 드로이젠 등 당대의 많은 유명한 역사가처럼 부르크하르트 역시 혁명 시대로서의 자기 시대를 역사적으로 분석하고 평가하는 작업에 착수한다. 1858년 바젤 대학교 역사학 정교수로 취임하고 1년 뒤 1859/60년 겨울학기부터 '혁명 시대의 역사'라는 제목의 현대사 강의를 시작한 그는 4학기를 간격으로 1881/82년 겨울학기까지 전부 열두 차례에 걸쳐 이 강의를 했다. 햇수로 2년에 걸쳐 있는 독일어권 대학들의 겨울학기의 특성을 감안한다면, 결국 그는 1859년부터 1882년까지

23년이라는 기간 동안 한 해도 거르지 않고 혁명 시대의 역사에 대해 언급한 셈이다. 역사 강의와 공개 강연을 모두 포함하여 단일 제목의 강좌로 이만큼 많이 행해진 강의는 일찍이 없었다. 또한 제자들도 이 강의를 부르크하르트의 가장 성공적인 강의로 평가하는 데 주저함이 없을 정도였다. 그만큼 그의 생애에서 〈혁명 시대의 역사〉라는 강의가 지니는 질적, 양적 중요성은 짐작하고도 남는다.

이 강의가 대상으로 삼는 시대적 범위는 7년 전쟁이 끝난 1763년부터 나폴레옹 시대가 끝난 1815년까지이다. 바로 이 때문에 이 강의가 과연 현대사 강의일 수 있느냐는 의문이 제기될 수 있고, 또 사실 부르크하르트 자신도 이 강의를 15세기부터 잡고 있는 자신의 광범위한 근대사 강의 프로젝트의 맨 마지막 부분, 즉 최근세사로 이해했다. 그러나 이러한 문제점들은 다음 두 가지 사항을 고려하면 일거에 제거될 수 있다. 우선 현대사라는 개념 자체가 역사학에서는 포괄적으로 쓰이면서 그 시대 범위의 기점을 상당히 오래전에 발생한 중대한 사건으로 잡는 경우가 허다하다는 점이다. 그래서 가령 19세기 현대사가들은 보통 프랑스 혁명을, 20세기의 현대사가들은 대부분 러시아 혁명이 일어났고 미국이 1차 세계대전에 참전했던 1917년이나 아니면 아예 1945년을 기점으로 잡는다. 그리고 부르크하르트 자신이 〈혁명 시대의 역사〉 강의에 임할 때마다 다른 어떤 강의보다도 긴장되었다고 여러 편지에 썼다는 점이다. 요컨대 그는 이 강의가 다루는 시대를, "아직도 우리에게 영향을 미치고 있고 또 앞으로도 계속 미칠", 그리고 "그 발전 과정을 우리가 아직 알 수 없는 세계 시대"라고 정의할 만큼 자기의 직접적 현재와는 다른 또 하나의 '현재'로 인식했다. 이런 점들로 미루어 부르크하르트의 강의 〈혁명 시대의 역사〉가 현대사 영역에 들지 않을지도 모른다는 우려는 말 그대로 한낱 기우에 지나지 않음을 알 수 있다.

부르트하르트는 이 강의의 서문에서 강의 《그리스 문화사》 서문에서 했던 것처럼 다시 방법적이고 이론적인 내용들을 서술하고 있다. 즉, 그는 여기서 혁명 시대 연구의 학문적 근거, 달리 표현하면 연구의 정당성, 필요성, 효용성과 아울러, 연구의 대상, 방법, 목적 등에 대해 강령적 진술을 하나간다. 우선 그는 "그 첫 번째 프랑스 혁명을 지나치게 숭배하고 모방하는 것이 현재 진행되고 있는 운동의 한 요소이자 역사적으로 그것을 인식하는 데 필수적이라는 점"[110]에서 혁명 시대 연구의 '학문적 정당성'을 찾고 있다. 부르크하르트에게서 프랑스 혁명은 모든 혁명의 원형이었다. 왜냐하면 그 사건 안에는 혁명, 전쟁, 권력 국가, 테러리즘, 대중 민주주의, 전제주의, 독재 등 온갖 종류의 정치 현상이 순서대로 전형화되어 나타나고 있기 때문이다. 부르크하르트는 바로 이 점에서, 즉 프랑스 혁명이 이전 시대나 현상들과 극명하게 대비되고 그 후의 사건들의 추이를 전망케 하는 중요한 사건이라는 점에서 혁명 연구의 또 다른 근거를 찾는다.

다음으로 그는 대상, 방법 등 현대사의 연구 방법에 대해서는 구체적으로 거론하지 않지만, 대신 연구 방법의 어려움, 특히 현재와 가까운 시대를 객관적으로 인식하는 것이 어렵다는 평계로 더 먼 과거의 한 시기를 연구하는 당시의 역사주의적 경향을 질타한다. 이 책에 실린 그의 글을 참고해보자.

다른 강의들과는 전혀 다른 성격의 이 강의는 매번 이 강의가 포괄하는 시대의 영향을 받는다. 〔…〕 그 때문에 서술자 자신에게서 객관성은 이번이 그 어느 때보다도 더 의심스러워졌다. 그럼에도 불구하고 서술자는 자기가 내세우는 일반적인 입장의 이유를 분명히 밝혀야만 한다. 혁명의 각 단계를 모두 하나의 발전 단계로 인정하고 그것에 나름의 상대적 정당성을 부여하는 것으로 만족하고 마는, 판단하지 않으려는 태도는 얄팍하고 불충분한 것이다.[111]

이러한 부르크하르트식의 이른바 '참여적 객관주의'는, 객관적 인식에 이르기 위해 자기 자신마저도 '소거'하면서 당파성을 완전히 제거해야 한다고 주장한 랑케식의 '무비판적 객관주의'와 개념적으로나 방법적으로 구별된다. 그러면서도 부르크하르트는 "가능한 한 우매한 기쁨과 두려움에서 벗어나 무엇보다도 역사 발전을 인식하는" 것[112]을 이 연구의 목표로 삼고 있다. 결국 우리는 부르크하르트 현대사학의 가장 두드러진 방법적 특징이 당파성의 위험을 충분히 의식하면서도 자기 사념을 버리고 객관적 인식에 이르려는 그의 이상적 인식론에 있음을 알 수 있다.

형식이 아닌 내용에 천착했을 때 부르크하르트의 현대사학이 갖는 가장 핵심적인 중요성은 그것이 그의 현재비판을 위한 학문적, 이론적 토대가 되고 있다는 점이다. 부르크하르트가 자신의 사적인 편지에서 당대의 정치, 사회, 문화 등을 포괄적으로 비판함으로써 19세기 유럽의 대표적인 현재비판가로 널리 알려졌다는 사실은 이미 앞서 말한 바 있다. 산업혁명과 프랑스 혁명으로 시작된 현대 산업사회에 대한 광범위하면서도 신랄한 그의 비판은 현대사학이라는 학문적 수단을 매개로 이론적이고 공식적인 형태를 띠게 된다. 그의 당대에 대한 비판은 크게 세 부분으로 나누어 고찰할 수 있다. 먼저 '정치적 현재비판'은, 가령 이 책의 "국가에 대한 새로운 개념"이나 "민족들에 대한 관계"에서 나타나고 있는 것처럼, 프리드리히 대왕 이래로 유럽에 널리 확산된 군국주의, 권력국가와 나폴레옹 전쟁 이후의 민족주의 등을 분석하는 데서 예시된다. 그가 가장 우려했던 현대의 정치 현상은——그것이 우익의 이념을 표방하든 좌익의 이념을 표방하든——'보통선거권'으로 표현되는 급진적 대중 민주주의가 확산되는 것이었다. 교육받지 못한 대중이나 민중에 대한 뿌리 깊은 불신에서 우리는 그의 교양 엘리트적 보수주의 이념을 읽을 수 있다. 다음은 '사회·경제적 현재비판'으로 이는 이 책의 "상업과 교통"이라는 제목의 글에서 예시되고 있는 것처럼 산업혁명의 확산에 따른 사회, 경제적인 체제와 일반인의 생활에서의 급격한 변화, 한마디로 산업화와 근대화에 대한 비판이 주류를 이룬다. 상업과 무역의 도시인 바젤 출신의 교양 시민으로서 부르크하르트는 도시, 산업, 경제 등에 특이할 만큼의 지나친 편견을 가졌던 것으로 보이는데, 아마도 이것은 그가 경제적 근대화라는 현상 자체보다도 그것이 우리 일반인의 생활 전반에 야기한 심각한 부정적인 결과들, 가령 물질 만능주의, 금전주의, 상업주의, 무한경쟁, 정신의 피폐화, 도덕적 해이와 타락 등에 고찰의 초점을 맞추었기 때문이 아닌가 한다. 부르크하르트 현재비판의 마지막 범주인 '문화적 현재비판'은 평준화되고 상업화된 현대 대중문화에 대한 비판인데, 이 부분은 이 책에서 그다지 잘 드러나지 않는다. 굳이 찾자면, 여론의 대중화가 이전 시대에는 상상도 못할 만큼 인간들의 사고방식과 정신적 태도에 엄청난 변화를 야기시키고 있다는 주장을 담고 있는 "여론"이라는 제목의 글 정도이겠으나, 이것이 그의 대중 문화에 대한 포괄적 비판을 대표한다고 하기에는 부족할 것이다.

결론적으로 부르크하르트의 현대사학은 비록 우리에게 생소하게 느껴지겠지만, 정작 저자 자신에게는 매우 큰 비중을 차지하던 일생의 역작으로 그의 총체적인 현재비판을 이론적이고 학문적으로 정당화시켜주었던 중요한 요소라고 할 수 있다.

5. 부르크하르트의 역사철학: "가장 비학문적인 학문"을 위한 이론적 성찰

아마 부르크하르트가 다시 살아나 보았더라면 기가 차 했을 도발적인 제목을 달고 있는 그의 《세계사적 고찰》 서문에 대한 이 해제에서 옮긴이가 의도하는 바는, 부르크하르트를 전통적이거나 헤겔적 의미의 역사철학자로 만들거나, 그를 고전적인 또는 드로이젠과 같은 유형의 역사이론가로 둔갑시키려는 것이 아니다. 이미 이 책에도 잘 표현되어 있듯이, 부르크하르트 자신은 전통적 의미의 역사철학이나 역사이론은 말할 것도 없고, 나아가 역사학 내에서의 체계적이고 이론적인 것을 모두 거부한 역사가였다. 더구나 그는 역사학을 "가장 비학문적인 학문"이라고 정의했다. 그렇다면 이러한 그가 도대체 어떤 이유로, 어떤 연관에서, 그리고 어떻게 전통적 역사철학과 체계적인 역사이론을 거부하는, 요컨대 역사철학의 부당성과 역사이론의 무용성을 정당화한 그 자신 특유의 역사철학과 역사이론을 제시하게 되었는가를 보여주는 것이 이 해제의 본래 의도이다.

《세계사적 고찰》은 부르크하르트가 1868/69년, 1870/71년, 1872/73년 세 차례의 겨울학기에 행한 강의 〈역사 연구에 대하여Über das Studium der Geschichte〉의 강의록을 그의 조카 야콥 외리가 편집하여 1905년에 출간한 책이다. 그 후 여러 언어로 번역되면서 세계적으로 유명해진 이 책의 제목은 결국 부르크하르트가 아닌 그의 조카에게서 유래한 것이다. 부르크하르트 자신은 원래 이 원고를 책으로 출간할 생각조차 없었고, 말년에 자신의 물건들을 정리하는 과정에서 이 강의와 관련된 모든 원고들을 한데 묶어 겉표지에 '소각시킬 것'이라는 글을 써놓았지만, 외리는 이 원고의 출간을 강청하여 외삼촌의 임종 직전에 반(半)허락을 얻어낸 것으로 알려져 있다. 원래는 강의 노트이다 보니 글도 문장 형식보다는 대부분 구문이나 명사들이 나열되어 있었는데, 외리는 평소 외삼촌이 썼음직한 문어투로 글을 매끄럽게 다듬고 첨가하는 작업을 거친 후 한 권의 책으로 세상에 빛을 보게 했다. 결국 탄생에서부터 성공, 심지어 그에 대한 비판에 이르기까지 이 책과 관련된 모든 운명은 야콥 외리와 함께하고 있는 셈이다.

전부 여섯 장으로 구성되어 있는 이 책의 주된 내용은, 역사가 어떻게 그 주요한 힘들(국가, 종교, 문화)의 상호작용에 따라 형성되고 진행되는지, 역사가 어떻게 위기라는 급격한 변화과정을 겪어 나가는지, 또 어떻게 위인이라는 역사적 주체들이 역사를 만들어 나가는지에 대한 고찰들로 이루어져 있다. 즉, 이 책은 애초부터 역사학에 대한 입문적 내용과는 달리 역사 전반에 대한 이론적, 역사철학적 해석을 제시한다. 그렇다면 독자들은 당연히 이 강의가 이제 오십 대에 접어든 한 중견 역사가가 그동안의 연구를 바탕으로 완성한, 규모가 크고 체계적인 역사철학 또는 역사이론의 결정판일 것이라는 기대를 갖게 된다. 그러나 뜻밖에도 이 강의는 단 세 차례만 이루어짐으로써, 마치 한창 전성기에 요절한 어느 천재 예술가와도 같은 생을 마감한다.

〈혁명 시대의 역사〉나 〈그리스 문화사〉와 같은 그의 다른 유명한 강의처럼 오랜 계획과 준비 과정 없이 탄생한 이 강의는 1868년 여름방학 기간 중 독일의 콘스탄츠에서 순식간에 급조된다. 물론 부르크하르트가 이미 1850년대 두세 차례에 걸쳐 유사한 제목(〈역사 연구 입문Einleitung in das Studium der Geschichte〉)으로 강의를 한 바 있고, 이미 중년의 나이에 접어든 그가 역사철학적 생각을 평소에 갖지 않을 리가 없다는 생각에 미치면, 단지 작업 속도만 가지고 그 강의의 질을 평가할 수 없다는 해석도 나올 수 있다. 이러한 해석은 실제로 상당한 타당성과 설득력을 갖는다. 그러나 문제는 부르크하르트가 당시 바젤 대학교의 젊은 문헌학 동료 교수로 있던 니체도 청강 후 한 친구에게 보낸 한 편지에서 "자기도 나이 들면 해보고 싶은 강의"라고 했을 만큼[113] 훌륭한 이 강의의 원고를, 그것도 '구개요'와 '신개요' 두 가지 판본으로 나눌 정도로 방대한 분량의 원고를 어떻게 짧은 방학 동안에 작성할 수 있었느냐 하는 것이다.

1982년 이 강의록을 원문 그대로 편집 출판한 간츠P. Ganz 가 이것에 얽힌 복잡한 이야기를 비록 이 책의 서론부에서 자세히 설명하고 있긴 하지만, 이 강의가 실제로 부르크하르트의 어떠한 마음 상태, 계획, 그리고 어떠한 과정을 거쳐 완성되었는지에 대해 구체적으로 아는 사람은 아무도 없다. 부르크하르트 자신도 그에 대해서는 '이러저러한 강의를 위해 이러저러한 준비를 하고 있다'는 식의 간단한 내용만을 어느 한 편지에 남기고 있을 뿐이다. 탄생 배경이야 어떻든《세계사적 고찰》은 부르크하르트 자신의 역사와 역사학에 대한 기본적인 견해와 입장을 담고 있는 그의 핵심 저작임에 틀림없다. 이 책 중에서도 특히 결코 짧다고 할 수 없는 분량의 서문은 부르크하르트의 역사사상을 일목요연하게 간파할 수 있는 그의 모든 저술의 백미에 해당한다.

'역사적인 것'에 대한 부르크하르트의 이해는 당시에 주류를 이루던 두 가지 역사 관찰 방식, 즉 역사철학과 역사주의를 체계적으로 반박하는 데서 출발한다. "역사철학은 켄타우로스, 즉 일종의 형용 모순이다. 왜냐하면 역사, 즉 동등 배열은 철학이 아니며, 철학, 즉 종속 배열은 역사가 아니기 때문이다."[114] 여기서 부르크하르트가 특별히 비판 대상으로 염두에 두고 있는 것은 헤겔의 목적론적 역사철학이다. 이전 시대뿐 아니라 과거 전체를 현재와 대비하면서 싸잡아 저급한 단계로 폄하하는 이러한 왜곡된 역사철학에서의 역사의 '종단면' 대신 부르크하르트는 역사의 '횡단면'을 제시하고자 했다. 달리 표현하면, 역사에 통시적으로 접근하는 것이 아니라 공시적으로 접근하는 것을 강조하고 있는 것이다. 이러한 접근은 다시 다음과 같은 그의 주장으로 구체화된다. "우리는 우리가 공명하고 이해할 만한 것으로 반복하는 것, 변하지 않는 것, 전형적인 것을 관찰하려고 한다."[115] 반복성, 불변성, 전형성이라는 방법적 성격을 갖는 이 세 가지 강령적 개념으로 부르크하르트는 단지 역사에 대한 역사철학적 접근 방식만이 아니라 역사주의적 접근 방식까지도 정면으로 부정하고 나선다. 왜냐하면 역사주의라는 이데올로기를 떠받치는 두 축은 개체성 사상과 발전성 사상인데, 전자는 역사 관찰과 연구 대상이 되는 모든 개체가 형언할 수 없이 독특하고 고유한 특성을 갖고 있기 때문에 결코 반복하는 일이 없다는 내용을, 후자는 그 개체들이 시간의 변화 속에서 일정한 형식으로 자신의 특성을 발현시켜나간다는 내용을 각각 담고 있기 때문이다. 이제 부르크하르트의 비판의 화살은 한때 자신의 스승이었던 랑케에게로 향한 셈이다. 부르크하르트와 랑케 사이의 세계관적 또는 방법론적 대립은 이미 19세기에 극명하게 노정되어 있었으나, 그것이 학술적으로 연구되기 시작한 것은 20세기 중반에 들어와서의 일이다. 그 선구자적 인물인 독일의 역사가 프리드리히 마이네케는 1948년 〈랑케와 부르크하르트Ranke und Burckhardt〉라는 제목의 강연에서 두 사람 사이의 많은 차이점 중에서도 특히 부르크하르트가 랑케와는 달리 역사보다 인간을 중시함으로써 인간학적 역사관을 체현한 점을 강하게 부각시켰다. 이 점은 부르크하르트의 다음 문장을 보면 극명하게 드러난다. "우리의 출발점은 유일하고 항구적이며, 우리에게 가능한 중심, 즉 현재도 그러하고, 과거에도 그랬으며, 미래에도 그러할, 늘 견디면서, 노력하고, 행동하는 인간이다."116 그러나 이러한 강령적 주장에도 불구하고 부르크하르트와 역사주의의 관계는 '대립'이라는 한 단어로 단순하게 처리될 사안이 아니다. 왜냐하면 부르크하르트는 "우리의 최고의 정신적 재산에 속하는 정신의 연속으로서의 과거에 대한 우리의 의무"117가 갖는 중요성을 역설하고, 나아가 '무역사성'을 '야만성'과 동일시하면서 역사주의적 사고방식의 한 단면을 보여주고 있기 때문이다. 이른바 부르크하르트의 '반역사주의적 역사주의'의 입장은 오늘날까지도 논란이 되고 있는 학계의 뜨거운 감자이다.

6. 결론

부르크하르트에 대한 고전적 상이 자리잡기 시작한 것은 최근의 일이다. 20세기 초반에 그의 서간집들이 출간되면서 냉철한 현재비판가로서의 그의 모습이 새로이 부각되기도 했지만, 그가 독일의 제도권 역사학자들에 의해 수용되고 19세기 독일어권 역사학계를 대표하는 한 인물로 자리매김한 것은 2차 세계대전 이후의 일이다. 당시 지배적이던 헤겔류의 역사철학과 랑케류의 역사주의에 반기를 들고 동시대의 제도권 역사학자들로부터 거리를 두면서 역사에 대한 새로운 접근과 방법을 제시한 부르크하르트는 몇 차례의 우여곡절 끝에 20세기 후반에 들어와서야 비로소 고전 작가의 반열에 오르게 된다. 역사에 대한 인간학적 접근, 반복하는 것과 전형적인 것의 통찰, 단절과 쇠락을 아우르는 역사적 연속성 개념, 역사에서의 문화와 예술의 강조, 혁명 시대의 위기 현상의 통찰에서 비롯된 현재비판 등 이 모든 부르크하르트적 역사학 개념과 방법은 그의 사상과 학문을 특징짓는 중요한 요소들이다. 바로 이 기본 요소들로부터 부르크하르트 사학의 여러 특징적 경향들이 자리를 잡아나간 것이다. 주도적인 정치사학에 반발하여 유럽의 고전 문화를 기본 척도로 나름대로 새로운 연구와 서술 방법을 제시한 그의 문화사학, 역시 고대와 르네상스기에 표현된 고전미를 잣대로 연대기적 방법이 아니라 장르와 양식에 따라 연구하고 서술하는 방법을 선보인 그의 예술사학, 혁명 시대의 분석을 토대로 현재비판을 역사 서술에 개념적이고 방법적으로 도입한 그의 현대사학, 역사에 대한 새로운 접근방법으로써 이 모든 사학의 경향들을 가능하게 하고 종합하는 데 기여한 그의 역사철학 등이 바로 이들이다. 이를 통해 우리는 결국 그의 역사철학이야말로 그의 여러 갈래의 사학이라는 싹을 틔우고 열매를 맺게 한 뿌리이자 핵임을 알 수 있다.

부르크하르트는 역사주의적 입장에 서 있던 동시대의 다른 역사가들과 달리 3월 혁명이나 독일의 통일을 매우 비판적으로 바라보았으며, 그러한 비판적인 입장에 서서 현재와 역사, 나아가 미래까지도 통찰하고자 노력했던 인물이다. 비록 그의 현재비판의 근거가 대체로 구유럽에 대한 향수에서 기인했다는 점에서는 보수성을 띠고 있지만, 또한 그러한 비판적인 입장이 혁명이 동반하는 폭력성, 비스마르크에 의한 독일 통일 과정에서 폭로된 근대 국가의 민족주의적이고 군국주의적인 성향에 대한 예리한 통찰에 근거를 두고 있다는 점에서는 현실성과 자유주의적 성향도 동시에 함유하고 있음이 결코 간과되어서는 안 된다. 더 나아가 부르크하르트를 문화적 비관주의자 혹은 역사적 비관주의자로 몰아붙이거나 못 박는 태도 역시 온당치 못하다.

그의 내면을 들여다보면 그는 누구 못지않게 미래의 가능성에 기대를 건 조건적 낙관주의자였다. 그의 사적인 서간문 들을 들춰보면 곳곳에서 독일이나 유럽의 장래에 대한 불안 과 더불어 일말의 희망과 기대를 결코 포기하지 않는 모습들 이 발견된다. 이러한 모습에서 우리는 부르크하르트를 절대 적 비관론자로 단정짓는 태도에 거리를 둘 필요가 있다. 그 는 비관론자라기보다 오히려 비판론자였던 것이다. 지극히 독일적인 '현재비판Zeitkritik'이라는 장르는 하나의 학문으 로 불릴 수는 없을지 모르나 분명 적지 않은 지식인, 지성인 들이 과거에 지녀왔고 또 앞으로도 지녀야 할 기본적인 태 도임에 분명하다. 대부분의 비판이 그렇듯이 만일 현재비판 도 그 근거가 나름대로 타당성과 설득력을 갖추고 있다면 긍 정적으로 인식되고 또 적극적으로 연구될 가치가 있음은 물 론이다. 서양 사학 사상에는 이미 투키디데스나 폴리비오스 Polybios, 타키투스를 비롯한 걸출한 역사가들에서 적지 않은 현재비판적 모습들이 발견된다. 그러나 그러한 비판적 모습 들이 단지 역사서술의 울타리 안에 머물지 않고 이를 벗어나 나름의 논리성과 체계성을 갖추고 이론화된 예를 우리는 고 대나 이후의 역사가들에게서 거의 찾아볼 수 없다. 부르크하 르트의 역사사상이 갖는 독특성이 바로 여기에 있다.

'과거와 현재의 대화'로서의 '역사'에 대한 카E. H. Carr의 유명한 정의에 많이 익숙해져 있는, 혹은 익숙해지다 못해 이제는 거의 식상해 있는 우리들에게 '부르크하르트의 역사

사상의 출발이 현재였다'는 명제는 얼핏 지극히 평범해 보인다. 그러나 그의 역사사상이 실제로는 현재비판적 관점에서 출발하여 역사 서술의 차원을 넘어 역사 이론으로까지 승화, 발전되었다는, 전혀 평범할 수 없는 사실에 이르면 우리는 부르크하르트라는 인물과 그의 사상을 다시 한번 깊이 되새겨볼 필요성을 느낀다. 결론적으로 부르크하르트는 동시대의 주요 경향에 '반발했던' 인물이라기보다 동시대의 주요 경향을 '뛰어넘은' 인물이었다. 언제나 깨어 있는 의식으로 동시대를 꿰뚫어보고 그 현재를 뛰어넘을 수 있는 정신적 능력. 오늘을 살아가는 우리들, 또 내일을 살아갈 우리 후손들이 부르크하르트라는 고전적 인물에게서 배워야 할 점이 바로 이것이 아닐까 한다.

1   그리스 일반사, 특히 정치사를 의미한다.

2   1811년부터 하이델베르크 대학교와 베를린 대학교 교수를 지낸 독
    일의 고전 문헌학자이다.

3   뵈크가 베를린 대학 재직 시절 강의했고 1867년에 책으로 출간한
    《문헌학의 총론 방법론*Enzyklopädie und Methodologie der philologischen*
    Wissenschaften》을 말한다.

4   마르부르크와 괴팅엔 대학교 교수를 지낸 독일의 고전 문헌학자로,
    대학 교재용으로 《그리스 고전유물론*Lehrbuch der griechischen Antiq-*
    uitäten》을 저술했다.

5   19세기 독일의 역사가이다.

6   (저자주) 나중에는 주당 5시간, 즉 90시간 내에.

7   피낙스는 목재나 점토 또는 대리석으로 만든 판으로, 고대 그리스
    에서는 이것에다 글씨를 쓰거나 성물을 그렸다.

8   그리스 신화에 나오는 바다의 신으로 오늘날 '대양'이라는 뜻의 인
    도유럽어 'Ozean(Ocean)'의 어원이기도 하다.

9   엔니우스는 '라틴 문학의 아버지'로 불리는 로마 공화국 시절의 시
    인이다. 트리아 코르다는 세 가지 마음이라는 뜻으로, 엔니우스는

라틴어, 오스크어, 그리스어에 능통했기에 스스로를 이렇게 불렀다
고 한다.

10 (저자주) 가령 예언자들에게서처럼. 또한 훨씬 가까운 시기, 가까운
민족의 문헌조차 가끔씩 매우 이해하기 힘들 때도 있다.

11 (저자주) 그렇게 되면 단순한 수집가들도 다시 특별한 의미를 갖게
된다.

12 《펠로폰네소스 전쟁사》를 저술한 그리스 최대의 역사가. 헤로도투
스Herodotus가 '역사의 아버지'라 불리는 반면, 그는 '과학적 역사
서술의 아버지'로 알려져 있다.

13 로마의 역사를 저술한 그리스의 역사가이다.

14 괴팅엔 시파(詩派)를 창립한 독일의 시인이다.

15 (저자주) 몸젠,《로마사Römische Geschichte》, 제5권, 336쪽.

16 본명은 '토마소 디 지오반니 디 시모네 귀디'로 르네상스 미술이 그
와 더불어 시작됐다는 평이 있을 만큼 르네상스 전기 회화를 활짝
꽃피웠던 이탈리아 화가이다.

17 〈세계의 종말〉, 〈최후의 심판〉 등의 걸작을 남긴 코르토나 출신의
이탈리아 르네상스기의 화가이다.

18 본명은 '안드레아 디 치오네'로, 이탈리아의 화가이자 조각가, 금세
공자이다.

19 (저자주) 우피치 미술관(명화 수집으로 이름난 피렌체의 궁전)에 있
는 메두사 머리는 내가 보기엔 바사리Giorgio Vasari (1511~1547,
《예술가 열전 Le Vite de' più eccelenti architetti, pittori, et scultori italiani》
(1550)을 저술한 이탈리아 르네상스기의 화가이자 예술사가)가 서
술했던 것처럼 레오나르도가 청년 시절 만든 작품도 아닐 뿐 아니
라, 더욱이 그에 대한 복제품 또한 결코 아니고, 오히려 바사리의 서
술에 근거하여 나온 견해에 불과하며, 카라치Lodovico Caracci(빈종

교개혁파의 매너리스트로 출발하여 주로 종교화를 그린 이탈리아 르네상스기의 화가)의 작품 중 하나로 보인다.

20 조반니 벨리니Giovanni Bellini의 제자로 베네치아파를 대표하는 이 탈리아 르네상스기의 화가이다.

21 토스카나파에 속하는 이탈리아 르네상스기의 화가이다.

22 로마의 일곱 언덕 중 하나인 카피톨 언덕에 있는 옛 로마의 성이다.

23 파도바에서 출생한 이탈리아 르네상스기의 화가이다.

24 움브리아파에 속하는 이탈리아 르네상스기의 화가이다.

25 베네치아 출신의 이탈리아 르네상스기의 화가이다.

26 베로키오의 제자로 피렌체 출신의 이탈리아 르네상스기의 화가이다.

27 '보티첼리'로 더 많이 알려져 있는 이탈리아 르네상스 전기 화가이다.

28 볼로냐 출신의 이탈리아 르네상스기의 화가이다.

29 (저자주) 여기서 최초의 대규모 초상화 컬렉션이라고 할 수 있는 파 올로 조비오Paolo Giovio의 '유명인들'에 대한 목판화를 거론할 수 있다. 그 판화들의 본(本)은 맨 뒷부분(14세기와 15세기에는 대부분의 작품들이 프레스코화이다)부터 수집되기 시작하여 코모에 있는 조비 오 궁전에 소장되어 있었다. 그중에는 (바사리의 '피에로 델라 프란체스 카의 생'에서 언급되고 있는 바에 따르면) 대황녹주석(帶黃綠柱石)〔황색 띠 무늬가 있는 녹주석으로 베릴륨과 알루미늄의 규산염 광물로, 가운데 녹색 결정이 에메랄드인 보석의 일종)과 볼세나Bolsena 미 사를 위해 자리를 마련하고자 떼어 내렸던 두상들이 있는데, 그전 에 라파엘로는 브라만티노의 수많은 초상 프레스코화를 복제해 그 것들의 두상을 바티칸의 전시실에 두게 했었다. 이 작품들은 라파 엘로의 유품에서 줄리오 로마노Giulio Romano〔본명은 '줄리오 피 피'이고 로마 출신의 매너리즘 창시자의 한 사람으로 이탈리아 르 네상스기의 화가이자 건축가)를 거쳐 결국 파올로 조비오 손에 넘

어갔다.── 17세기에는 메디치가 사람들이 화가를 파견해 수집품 전체를 복제하도록 했으며, 목판화로는 아직도 권위를 높이 인정받고 있는 이 복제품들은 현재 우피치 미술관의 (두 복도의 벽의 장식적 돌출부에) 거대한 초상화 컬렉션의 일부를 구성하고 있다. 또 다른 대규모 옛 컬렉션, 즉 만토바 컬렉션은 왕성하게 작품 활동을 했던 베로네제Paolo Veronese(16세기 베네치아파에 속하는 이탈리아 르네상스기의 화가)의 제자인 (1455년에 태어난) 본시뇨리Franc. Bon-signori의 작품들인데, 이 작품들은 1630년 만토바에 일어난 천재지변으로 소실된 듯하다. (바사리가 쓴 지오콘도Giocondo 등의 생애에 대한 부분을 참조하라.)

30 피렌체 출신의 이탈리아 르네상스기의 화가이다.

31 프란치아의 제자로 이탈리아 르네상스기의 화가이다.

32 레오나르도의 유명한 작품 〈모나리자〉를 말한다.

33 밀라노의 통치자이자 공작으로 15세기 르네상스적 전형적인 전제 군주이다.

34 마리아, 요셉, 아기 예수를 말한다.

35 밀라노파에 속하는 이탈리아 르네상스기의 화가이다.

36 밀라노파에 속하는 이탈리아 르네상스기의 화가이다.

37 레오나르도를 말한다.

38 밀라노 출신의 이탈리아 르네상스기의 화가이다.

39 18세기를 말한다.

40 1510년경에 활약한 이탈리아 르네상스기의 화가이다.

41 레오나르도의 〈최후의 만찬〉을 판화로 본뜬 예술가이다.

42 레오나르도의 〈최후의 만찬〉을 그림으로 본뜬 예술가이다.

43 피렌체파에 속하는 이탈리아 르네상스기의 화가이다.

44 14행으로 된 시.

45 피렌체파에 속하는 이탈리아 르네상스기의 화가이다.

46 (저자주) 비록 어렴풋하기는 하지만 루카 시뇨렐리에도 이와 유사한 목적이 어른거렸음을 부정할 수는 없다.

47 이탈리아 르네상스기의 시인이다.

48 미켈란젤로와 경합을 벌인 피렌체 출신의 이탈리아 르네상스기의 조각가이다.

49 본명이 '안드레아 디 치오네'로, 다른 세 형제와 함께 오르카냐로 통칭되는 이탈리아 르네상스 전기의 건축가, 화가, 금세공사이다.

50 '프라 안젤리코Fra Angelico'로 알려진 이탈리아 르네상스 전기의 화가이다.

51 그리스 신화에 나오는 반신의 거인을 빗댄 형용사로, 여기서는 '신에게 반항적인', '고뇌에 찬'이라는 뜻이다. 그는 진흙으로 사람을 만든 다음 하늘에서 불을 훔쳐 이것을 사람에게 준 것이 제우스 신의 노여움을 사 쇠사슬에 묶여 독수리에게 간을 쪼아 먹히는 벌을 받았다.

52 (저자주) 교황 바울 4세의 명령에 따라 다니엘 다 볼테라Daniel da Volterra〔본명은 '다니엘레 리키아렐리'로, 이탈리아의 매너리즘 화가이자 조각가이다. 특히 미켈란젤로의 양식을 따른 정교하고 이상화된 인물화로 유명하다〕가 맡아 이 작품에 덧칠을 하기 전의 작품 상태를 위해서는, 나폴리 박물관에 있는 마르셀로 베누스티Marcello Venusti〔미켈란젤로의 제자〕의 복제품이 자유분방함이 두드러짐에도 불구하고 가장 중요한 사료이다.

53 세례자 요한을 말한다.

54 (저자주) 이 점은 특히 바티칸 미술관 안에 있는 〈갓난아이의 찬미〉라는 라파엘로가 참여하여 그린 작품에서 잘 나타난다. 여기서 요셉의 얼굴은 더 말할 것도 없이 그의 작품으로 간주된다. 천사와 마

돈나의 얼굴들은 아마도 그 자신이 그렸거나, 스파냐Spagna〔스페인과 이탈리아에서 활동한 르네상스기의 화가로 페루지노의 제자〕가 그린 것으로 보인다.── 같은 장소에 소장되어 있는 〈부활〉이라는 작품에서 적어도 오른쪽에 잠자고 있는 청년은 라파엘로가 그린 것이다.── 페루지아에 있는 성 베드로 성당의 성구실(聖具室)에 있는 〈아기 예수를 애무하고 있는 요한〉은 페루지노를 모방해 그린 라파엘로의 복제품이다.

55 움브리아파에 속하는 이탈리아 르네상스기의 화가이다.

56 (저자주) 키타 디 카스텔로의 성 트리니타 성당에 있는 그림(《삼위일체》, 〈이브의 창조〉)── 페쉬 추기경의 유산으로, 로마에 있다고 전해지는 네 명의 성인에게 둘러싸인 예수의 십자가상,── 페루지아의 알파니Alfani가(家)에 있는 마돈나,── 로마의 가브리엘 궁전에 있는 감람산의 예수는 보지 못했다.── 페루지아의 스타파Staffa가(家)에 있는 마돈나는 페루지노 문하의 한 동료 제자의 작품으로 간주된다.

57 페루지노와 공동 작업을 했던 이탈리아 르네상스기의 화가이다.

58 본명은 '바치오 델라 포르타'로, 피렌체파에 속하는 이탈리아 르네상스기의 화가이다.

59 '프라 바르톨로메오'를 말한다.

60 (저자주) 이 작품은 토스카나Toskana 대공의 개인 소유로 주로 복제품을 만들기 위해 피티 미술관의 홀 중 한 곳에 전시되어 있는 것을 볼 수 있다. 이런 일은 여름 내내 아주 빈번히 벌어진다.

61 (저자주) 두 예술가 사이의 대차 대조표 작성은, 한편으로는 뮌헨의 회화관Pinakothek에 소장되어 있는, 라파엘로가 당시에 창작한 성 가족상이나, 다른 한편으로 로마의 코르시니 궁전(뒷방)과 피티 궁전에 있는 프라 바르톨로메오의 두 개의 성 가족상들을 문제 삼는

다면, 매우 어려운 것으로 드러난다. 라파엘로는 마리아, 두 아이, 엘리자베트, 뒤에 그들을 막듯이 서 있는 요셉이라는 폐쇄적인 피라미드 형태의 무리를 먼저 완성했고, 프라테는 그중 한 인물을 삭제함으로써 라파엘로를 불완전하게 모방했던 것일까? 아니면 라파엘로는 프라테의 미성숙한 동기를 자신이 첨가해 성숙한 것으로 만들었을까? 대답은 간단하지 않다. 그렇지만 두 예술가의 그림의 상호 포괄성은 명백해 보인다. 나는 차라리 첫 번째 추측을 받아들이고 싶다.

62 본명이 주세페 케사리Giuseppe Cesari로 이탈리아 매너리즘 화가이다.

63 이탈리아의 매너리즘파 화가이다.

64 (편집자주) 이 서문의 구성에 대해서는 이 텍스트에 대한 기록문과 보충문을 참조하라(467쪽 이하).

65 (편집자주) 나중에 다음과 같은 말이 첨가되었다: 1870년의 급변에 이르기까지.

66 독일어 Bildung은 원래 '형성', '교육', '교양' 등의 뜻을 지니고 있는데, 부르크하르트는 주로 '오늘날 교육이나 교양으로 대표되는, 인류의 역사를 통해 연속적으로 형성된 고전 문화나 고급 문화의 총합'이라는 복합 개념으로 썼다.

67 프랑스 혁명 전야, 삼부회 소집 때 각 지방에서 파리로 올리도록 허용된 일반 국민들의 '진정서'를 말한다.

68 프랑스 혁명 당시 로베스피에르와 더불어 민중 편에 서서 혁명을 주도했던 자코뱅당의 지도자이다.

69 1인 종신 독재 지배체제를 말한다.

70 두 해에 걸쳐 행해진 공포정치를 말한다.

71 알프스 산맥을 넘어 부는 건조한 열풍을 말한다.

72 (저자주) 문화는 어떤 관습의 진보도 가져다주지 않는다: 헬발트F.

v. Hellwald, 《자연적 발전 과정에서의 문화사*Kulturgeschichte in ihrer natürlichen Entwicklung*》(Augsburg, 1875), 702쪽.

73 로베스피에르의 추종자이자 협력자로 테르미도르 반란 때 로베스피에르와 함께 단두대에서 처형되었다.

74 프랑스의 공상적 사회주의자 가운데 한 사람으로 총재정부 때 '평등파의 음모'로 알려진 사건을 주도한 인물로 체포되어 처형되었다.

75 (저자주) 기계와 빈곤을 의미한다. 헬발트, 《자연적 발전 과정에서의 문화사》, 783쪽(주의할 것은 이러한 현상이 단지 과도기 시대에만 해당되는 것은 아니라는 점이다).

76 헤겔, 쇼펜하우어, 셸링 등의 사상을 종합하여 《무의식의 철학*Philosophie des Unbewußten*》을 완성한 독일의 철학자이다.

77 (저자주) 하르트만, 《무의식의 철학》, 348, 351쪽 이하.

78 (저자주) 하르트만, 《무의식의 철학》, 337쪽과 특히 341쪽 이하.

79 (저자주) 하르트만, 《무의식의 철학》, 343쪽에서 하르트만은 자신의 관점들이 행복을 중시하는 입장에서 보았을 때 소름끼치는 것이 될 수도 있음을 인정한다.

80 독일어 Potenz는 원래 '능력', '작업 능력', '잠재력' 등의 뜻을 갖는 단어이지만, 부르크하르트는 이 단어를 원래의 의미보다도 오히려 '역사를 구성하는 구체적인 힘이나 세력'이라는 의미로 사용했다. 따라서 '잠재력'으로 번역했을 경우 오해의 소지를 불러일으킬 수 있기 때문에, 여기서 옮긴이는 저자의 의도를 살려 '역사 구성의 힘들'로 의역하고자 한다.

81 그리스 신화에 나오는 반인 반마(半人半馬)의 괴물을 말한다.

82 낭만주의 사조가 등장하는 데 지대한 영향을 준 계몽주의 시대의 독일 철학자, 사상가, 문인이다.

83 (저자주) 이에 대해서는 라소E. v. Lasaulx, 《사실의 진리에 근거한 과

거 역사철학의 새로운 시도*Neuer Versuch einer alten auf die Wahrheit der Tatsachen gegründeten Philosophie der Geschichte*》, 72쪽과 73쪽 이하를 참조을 참조하라.

84 (저자주) 라소,《사실의 진리에 근거한 과거 역사철학의 새로운 시도》, 34, 46, 88쪽 이하.

85 (저자주) 라소,《사실의 진리에 근거한 과거 역사철학의 새로운 시도》, 115쪽을 참조하라.

86 (저자주) 랑케,《독일사*Deutsche Geschichte*》, Bd. I, 226쪽을 참조하라.

87 (저자주) 라소는 자신의 책 8쪽에서 괴테의 유명한 문구의 근저에 놓인 플로티노스Plotin, I, 6, 9에 나오는 다음 문장을 인용하고 있다.
οὐ γὰς ἂν πώποτε είδεν όφυάλμὸς ἥλιον ἡλιοειδήςμή λελενημενος

88 고대 그리스 아테네의 위대한 조각가이다.

89 뷔르츠부르크와 뮌헨 대학교의 교수를 지냈으며, 프랑크푸르트 국민의회의 일원으로 참가했고, 고전학, 미학, 종교철학, 역사철학 등을 연구했으며, 특히 역사 관찰에서 유기체적 관점을 통해 슈펭글러의 선구자로 알려진 독일 문화철학자이자 고전 문헌학자이다. 주저로는 부르크하르트가《세계사적 고찰》에서 빈번히 인용하고 있는《사실의 진리에 근거한 과거 역사철학의 새로운 시도》(1856)가 있다.

90 프랑스의 베네딕트 수도회로 가톨릭 종교개혁 시절 프랑스 역사와 역사 보조 학문들에 대한 연구 작업과 교부들의 저술 편찬으로 유명하다.

91 밀라노 암브로시우스 도서관의 장서 관리자로, 이탈리아 고대사 연구와 관련한 문헌을 출판해 이탈리아 역사 연구의 아버지라 불린다.

92 (저자주) 프레상세Pressensé,《3월 18일의 교훈*Les leçons du 18 mars*》, 19쪽 이하를 참조하라.

93 부르크하르트가 이 강의록을 쓴 해는 1868년이지만 현재 이 부분, 즉 '역사 연구를 위한 19세기의 권능'을 추가로 쓴 시기는 1872년으로 프랑스 혁명이 발발한 1789년부터 계산하면 정확히 83년이 된다.

94 로마의 웅변가, 공직자, 역사가이며 라틴어로 글을 쓴 사람 가운데 가장 뛰어난 산문작가이다.

95 19세기의 대표적인 과학적 역사 서술로 알려진 《영국 문명사 *The History of Civilisation in England*》를 저술한 영국 역사가이다.

96 19세기 이탈리아 작가 보니Filippo de Boni가 자신의 한 작품에서 쓴 표현이다.

97 여기서는 사료를 비판하고 해석하고 평가하는 일을 의미한다.

98 '사료'라는 뜻의 독일어 'Quelle'는 원래 '샘물의 원천'이라는 뜻을 가지고 있고, 이때 쓰인 'unerschöpflich'라는 형용사는 '(샘물 따위를) 아무리 퍼내도 줄어들지 않는'이라는 뜻을 갖기 때문에 이 문장은 일종의 수사학적 표현이다.

99 그리스 아테네의 3대 비극 작가 중 한 사람이다.

100 전문 교육을 받지 않은 상태에서 하는 예술과 학문 분야의 활동을 말한다.

101 Jacob Burckhardt, *Gesamtausgabe*, (eds.) E. Dürr·W. Kaegi etc., 14Vols. (Stuttgart, Berlin, Leipzig, 1929~1934), Vol. I, vii쪽을 참조하라.

102 이 책 19쪽을 참조하라.

103 이 책 28쪽을 참조하라.

104 이 책 20쪽을 참조하라.

105 Jacob Burckhardt, *Über das Studium der Geschichte*, Der text der "Weltgeschichtlichen Betrchtungen" auf Grund der Vorarbei-ten von Ernst Ziegler nach den Handschriften, (ed.) P. Ganz(München: C. H. Beck, 1982),

281쪽을 참조하라.

106 Jacob Burckhardt, *Gesamtausgabe*, Vol. I, viii쪽을 참조하라.

107 Heinrich Wölfflin, *Gedanken zur Kunstgeschichte, Gedrucktes und Ungedrucktes*(Basel: Schwabe, 1947), 137쪽을 참조하라.

108 E. H. Gombrich, "Kunsturissenschaft", in *Das Atlantisbuch der Kunst: eine Enzyklopädie der Bildenden Künste*(Zürich: Atlantis-Verlag, 1952), 656쪽을 참조하라.

109 이 책 51~52쪽을 참조하라.

110 이 책 90쪽을 참조하라.

111 이 책 77쪽을 참조하라.

112 이 책 100쪽을 참조하라.

113 Rudolf Marx, Nachwort zu den "Weltgeschichtlichen Betrachtungen"(Stuttgart: Alfred Kröner Verlag, 1978), 274쪽을 참조하라.

114 이 책 112쪽을 참조하라.

115 이 책 115쪽을 참조하라.

116 이 책 115쪽을 참조하라.

117 이 책 120쪽을 참조하라.

야콥 부르크하르트, 《루벤스의 그림과 생애》, 최승규 옮김(한명, 1999)

부르크하르트가 죽고 난 이듬해인 1898년 그의 제자였던 한스 트록Hans Trog에 의해 바젤에서 출간된 그의 최후의 예술사 저작《루벤스에 대한 화상Erinnerungen aus Rubens》을 옮긴 책이다. 비교적 평이한 문체로 루벤스의 생애와 작품들이 간략하면서도 주도면밀하게 분석되어 있다. 루벤스에 대한 각별한 애정은 부르크르하르트로 하여금 그의 예술작품을 찬미하고 경탄하는 차원을 넘어 그의 인품과 생애에까지도 애착을 갖도록 만든다. 따라서 루벤스의 예술작품에 대한 부르크하르트의 해석은 종국에는 미학적 차원을 넘어 예술과 인격의 완전한 합일 안에서 그의 삶 자체의 지고한 목표와 이상을 발견하고자 하는 인간적 차원으로 발전해간다. 서양 예술이나 미술사, 루벤스에 관심이 있는 독자라면 이 책에서 많은 도움을 얻을 것이다.

야콥 부르크하르트, 《세계사적 성찰》, 안인희 옮김(휴머니스트, 2008)

원래는 부르크하르트가 1868/69년, 1870/71년, 1872/73년 등 세 차례의 겨울학기에 행한 강의 〈역사 연구에 대하여〉를 위한 노트를 그의 조카 야콥 외리가 편집하여 1905년 출간한 책이다. 모두 여섯 개의 장으로 구성되어 있으며, 역사가 어떻게 국가, 종교, 문화의 상호 작용에 따라 형성되고 진행되는지, 어떻게 역사가 위기라는 급격한 변화 과정을 겪어나가는지, 어떻게 위인이라는 역사적 주체들이 역사를 만들어나가는지에 대한 고찰들로 이루어져 있다. 이 책 안에는 애초부터 역사학에 대한 입문적 내용을 기대하게 하는 저자의 본래 강의 제목과는 달리 역사 전반에 대한 이론적, 역사철학적 해석이 제시되어 있다. 당시 바젤 대학교의 젊은 문헌학 동료 교수로 있던 니체는 청강 후 친구에게 보낸 한 편지에서 "자기도 나이 들면 해보고 싶을" 만큼 훌륭하고 멋진 강의였다고 밝히고 있다. 1868년 여름에 작성된 이 강의를 위한 원고가 실제로 저자의 어떠한 마음 상태, 어떠한 계획, 어떠한 과정을 거쳐 완성되었는지에 대해 구체적으로 아는 사람은 아무도 없다. 그 탄생 배경이야 어떻든 이 강의록은 부르크하르트 자신이 역사와 역사학에 대해 기본적으로 어떠한 견해와 입장을 가지고 있는지를 한눈에 알아볼 수 있도록 해주는 저술임에는 틀림없다. 또 이 책은 전통적인 목적론적 역사철학과는 다른 의미의 역사철학을 경험해보고자 하는 사람이나 사학 개론을 다루는 사람이라면 반드시 읽어보아야 할 역사이론의 필독서이기도 하다.

야콥 부르크하르트, 《역사와 역사가들》, 이광주 옮김(한벗, 1989)
부르크하르트의 강의록 중에서 편자인 에밀 뒤르Emil Dürr가 중요하다고 판단되는 내용들만 발췌하여 고대에서부터 혁명 시대에 이르는 서양사의 전 시대를 시기별로 정리한 《역사적 단상들Historische Fragmente》을 번역한 책이다. 1929년부터 1934년 사이에 간행된 《부르크하르트 전집 Gesamtausgabe》의 제7권 안에 《세계사적 고찰》과 함께 묶여 출간되었다. 전집 출간 이후에도 그의 《세계사적 고찰》과 함께 그의 역사 사상을 알아볼 수 있는 대표적인 작품으로 평가되어 전집과 무관하게 단행본으로 나온 이후 중판을 거듭할 만큼 많은 인기를 끈 저작이다. 역사 혹은 역사학과 관련하여 짤막하면서도 심오한 내용을 풍부하게 담고 있고, 또한 현재비판가로서의 저자의 면모도 거침없이 드러나 있는 것이 특징이다.

야코프 부르크하르트, 《이탈리아 르네상스의 문화》, 이기숙 옮김(한길사, 2003)

저자의 역사 서술의 진면목을 접할 수 있는 대표적인 문화사 저술이다. 산업화를 통해 갈수록 복잡해져가던 도시 생활에 염증을 느끼고 예술과 역사를 탐미하던 저자의 이탈리아에 대한 각별한 애정의 결실이기도 하다. 여기서 저자는 르네상스가 근대, 더 멀리는 저자가 살던 현대의 정치, 사회, 문화, 정신 등 모든 분야의 발생적 기원을 간직하는 시대, 집단과 공동체를 중시하던 중세와 단절되어 개인이 자각하고 세계를 새롭게 인식하기 시작한 전환점이었다는 고전적 상을 제시한다. '르네상스'라는 말의 어원이나 개념이 그로부터 유래한 것은 아니지만, 14세기에서 16세기까지 이탈리아에서 일었던 고전 문예부흥 운동의 독특한 현상과 특징에 대해 우리들이 갖고 있는 일반적 상은 바로 그의 이 작품에서 유래한다. 이 작품이 사학사적으로 중요성을 갖는 이유는 단지 새로운 해석, 참신한 시각, 서술 내용에만 있는 것은 아니다. 서술 양식, 즉 문체 또한 고전으로 인정받을 만큼 뛰어난데, 이미 부르크하르트 자신이 이 작품의 탈고 후에 학창 시절의 한 스승에게 보낸 편지에서 자신이 남다른 노력을 기울였으며, 특히 문체에서 새로운 양식을 지향했음을 밝히고 있다. 비록 19세기 말부터 그의 르네상스 상에 대해 수많은 비판과 수정이 가해져 오늘날에는 이 책의 많은 중심 테제들이 그 대상에 대한 하나의 고전적 해석 정도로 자리잡고 있는 형편이지만, 이 작품은 역사를 전공하거나 서양사에 관심을 둔 사람이라면 누구나 읽어보아야 할 고전임에는 틀림없다.

정항희 편저, 《서양 역사철학 사상론》(법경출판사, 1993)

역사철학사를 주제로 한 국내의 대표적 문헌이다. 서양의 역사사상 혹은 역사철학의 역사를 고대 그리스의 이오니아 학파의 자연철학자들에서부터 현대의 토인비에 이르기까지 쭉 훑어내린 방대한 저술이다. 부르크하르트의 역사철학을 그 전체 혹은 당대의 역사 안에서 경향적으로 이해하는 데 도움을 준다.

프리드리히 마이네케, 《랑케와 부르크하르트》, 차하순 옮김(탐구당, 1984)

부르크하르트에 대한 고전적 해석 가운데 하나이다. 이 짤막한 글은 2차 세계대전 직후인 1948년 당시 독일을 대표하는 역사가인 저자가 베를린의 독일 학술원에서 한 강연 원고이다. 저자는 왜곡된 방향으로 전개되어오다 결국은 파국으로 종결된 현대 독일사에 대한 근본적 반성의 차원에서 이 강연을 한다. 이 글에서 랑케는 개인의 자유보다 국가의 권력을 더 중시하고 정치사 위주의 역사 서술을 강조하던 구시대의 역사주의를 대변하는 인물로, 부르크하르트는 세계사의 흐름에서 진보나 발전보다 단절이나 몰락을 통찰하고 예견할 줄 알았던 그래서 '우리의 내면에' 더 가까이 서 있는 인물로 각각 묘사된다. 또한 랑케가 인간 자신보다는 역사를 중시했던 역사가였다면, 부르크하르트는 역사보다 인간 자신을 더 소중히 여길 줄 알았던 역사가로 각각 기록된다. 부르크하르트의 본질이 랑케와의 대비를 통해서 아주 간단명료하게 표현되어 있는 만큼, 19세기 독일어권 사학계를 대표하는 이 두 역사가에 대해 개괄적으로 알고 싶어 하는 사람은 그 어디에서도 이만한 글을 찾아볼 수 없을 것이다.

이상신, <부르크하르트의 문화사의 과제>, 《서양사론》 69호(2001년 6월)

부르크하르트 문화사의 배경, 개념, 방법 등을 논리적으로 정리한 짤막한 논문이다. 당대의 주도적인 경향에서 벗어난 부르크하르트의 이단적, 아웃사이더적 모습 등 여러 특징적인 모습들을 그의 문화사 서술과의 관계에서 재조명하고 있다. 이러한 고찰을 통해 저자는 궁극적으로 부르크하르트의 현실적 정치이념의 성격을 규명하고 그의 역사가로서의 의미와 사학사적 위치를 정의해 보려고 시도한다. 부르크하르트가 왜 문화사로 방향을 전환하게 되었고, 그의 문화사 서술이 결국 어떠한 이념적 특징을 지니고 있는지 알아보려는 사람에게는 유익한 글이다.

차하순·정동호, 《부르크하르트와 니이체》(서강대학교출판부, 1986)

바젤 대학의 동료 교수라는 끈으로 이어진 19세기 지성계의 두 대가들 사이의 교류와 친분은 이미 20세기 초반부터 여러 평자들의 주목을 끌어온 흥미 있는 주제이다. 비록 26년이라는 연령 차이에서만이 아니라 세계관과 기질, 성향 등에서의 미묘한 차이 때문에 적극적인 관계를 원했던 니체와는 달리 항상 일정한 거리를 유지하고자 했던 부르크하르트에 의해 두 사람이 결코 친밀하고 밀접한 관계로까지 발전한 적이 없었다는 점이 의외로 자주 간과되어오긴 했지만 말이다. 결국 우리 학계에서도 해당 분야의 두 전공자들이 이 주제에 천착하여 내놓은 역작이 바로 이 책이다. 상당히 밀도 있고 심도 있게 정리된 부르크하르트와 니체 각각의 정신과 학문 세계와는 달리 정작 두 지성인 사이의 정신적 교류 내용이 기대했던 만큼의 양과 질을 갖지 못했다는 한계에도 불구하고, 이만한 연구서가 우리 학계에 이미 80년대에 나올 수 있었다는 것은 대단한 일이 아닐 수 없다. 이 분야의 프랑스 전문가인 샤를 앙들레Charles Andler의 〈니이체와 부르크하르트〉의 번역이 책 후반부에 양념으로 실린 것도 독자들의 입맛을 돋구는 요인이다.

최성철, <현재의 경험에서 역사의 인식으로: 야콥 부르크하르트의 역사이론에 대한 연구>, 《서양사론》 71호(2001년 12월)

부르크하르트의 역사이론이 어떠한 배경에서 어떠한 과정을 거쳐 무엇을 지향하여 형성되어갔는지를 세 범주로 분류된 역사 이론의 각 영역들에서의 대표적 이론들을 근거로 밝혀나간 논문이다. 이 논문의 결론이자 핵심 테제는 역사에 대한 부르크하르트의 모든 이론적 성찰이 단순히 과거나 현재가 아니라 현재에 대한 통렬한 비판, 즉 현재비판을 출발점으로 이루어져갔으며, 그것은 역사에 대한 성찰을 거쳐 다시 현재비판으로 수렴되어온다는 것이다. 이 말은 결국 부르크하르트의 역사이론을 올바로 이해하기 위해서는 그의 현재에 대한 태도, 입장, 관념들, 즉 현재관과 현재비판에 대한 이해가 선행되어야 한다는 뜻이다. 이 논문의 특징은 부르크하르트의 사상을 역사이론이라는 준거틀을 가지고 접근했다는 점, 나아가 그것을 다시 역사이론이라는 개념틀로 체계화했다는 점이다.

칼 뢰비트, 《역사의 의미》, 이석우 옮김(탐구당, 1990)

19세기까지의 서양의 대표적 역사철학자들을 해석한 저술이다. 부르크하르트에서 시작하여 아우구스티누스에 이르는 인물들의 사상을 역시 대순으로 분석해나간 것이 특징이다. 저자는 이 모든 이들의 역사철학이 궁극적으로는 역사신학Geschichtstheologie 혹은 신정론Theodizee이라는 사상의 기본 구조를 갖고 있었다는 점을 밝혀나간다. 즉, 기독교가 지배적이던 중세를 지나 근대에 들어와 삶의 모든 영역이 세속화되면서 역사철학도 역시 이러한 흐름에 편승할 것으로 기대했지만, 실제로는 기독교적 관점으로부터 전혀 자유롭지 못했다는 것이 저자의 핵심 테제이다. 이러한 개념틀로써 분석해나간 저자가 부르크하르트를 그 마지막 인물로 선정한 것은 여러 가지 점에서 매우 의미심장한 일이다. 즉 한편으로는 그를 역사신학과 세속화의 경계에 선 인물로, 또 한편으로는 기독교로부터 벗어나는 출발점에 선 인물 이해하고 있기 때문이다. 그 관점의 타당성 여부를 떠나 여러 작품에서 그에 대해 탁월한 해석을 시도해온 저자의 부르크하르트에 대한 역사철학적 시각을 알아보는 것은 매우 유익한 일이다.

허버트 슈네델바흐, 《헤겔 이후의 역사철학》, 이한우 옮김(문예출판사, 1986)

19세기 독일어권 역사가 및 역사사상가에 대한 비교적 짤막한 해석서이다. 헤겔 이후의 역사사상의 주된 흐름을 역사주의로 묶어 이해한 저자는 랑케, 부르크하르트, 니체, 드로이젠, 딜타이, 빈델반트, 리케르트 등의 역사에 대한 접근 태도, 인식 경향, 연구 방법 등을 해당 인물의 핵심 사상을 중심으로 간략히 분석해나간다. 이 책의 의도는 결국 19세기 독일 역사주의의 문제점을 개괄하고 그 극복을 위한 대안 제시가 가능한지의 여부를 검토해보는 데 있다. 비록 분석과 서술의 압축화와 단순화로 각 인물들에 대한 전체적 고찰과 평가가 결여되어 있고 저자의 전공이 철학이다 보니 접근 방식이 지나치게 철학사적으로 치우쳐 있다는 한계는 있지만, 해당 인물들의 역사사상과 역사주의적 사고의 문제들이 비교적 명쾌하게 제시되어 있다는 장점을 지닌다.

헤이든 화이트, 《19세기 유럽의 역사적 상상력―메타역사》, 천형균 옮김(문학과지성사, 1991)

미국 지성사가인 저자가 19세기 유럽의 대표적 역사가들을 역사 서술의 특징적 경향별로 나누어 분석한 책이다. 역사가 예술이냐 과학이냐, 문학에 가까우냐 철학에 가까우냐의 해묵은 논쟁과 질문 자체를 유려한 필치와 탁월한 해석으로 무력화시키고 있다. 그 모든 것을 아우르는 역사는 그래도 결국 예술이자 문학에 가깝다는 입장에 선 저자는 19세기 역사가들과 역사철학자들의 서술 경향을 로망스, 희극, 비극, 풍자, 은유, 환유, 제유, 아니러니 등 문학비평의 개념별로 정형화시켜 분석해나간다. 자칫 도식화로 빠질 수 있는 이러한 접근 방식에 문제점이 없는 것은 아니지만, 해당 인물의 특징을 한눈에 알아보는 데에는 이만한 서술을 찾아보기 힘들다. 특히 주변의 지적인 환경과 조건 아래서 어떻게 자신의 독특한 사상을 전개시켜나갔는지를 보여주는 부르크하르트에 대한 장(章)은 주목할 만하다.

Wolfgang Hardtwig, *Geschichtsschreibung zwischen Alteuropa und moderner Welt. Jacob Burckhardt in seiner Zeit*(Göttingen: Vanden-hoeck & Ruprecht, 1974)

새로운 관점의 제시보다는 이전까지의 부르크하르트에 대한 모든 해석을 집대성하여 종합한 저작이다. 부르크하르트에 대한 연구사는 이 작품을 기준으로 그 이전 시기와 이후 시기로 나누어 고찰될 수 있을 만큼 이 분야에서 하나의 분수령을 이루는 저술이다. 부르크하르트의 사학사적 위치와 의미를 처음으로 당대의 역사적 상황과 주변 역사가들과의 연관 속에서 규정하고자 시도했다는 평가를 받고 있다. 내용이나 문장의 호흡이 긴 박사 학위논문이라는 점이 흠이지만, 부르크하르트에 대한 하나의 고전적 해석으로 자리잡고 있어 이 분야에 관심 있는 사람이라면 빼놓을 수 없는 저작이다.

Jörn Rüen, "Jacob Burckhardt: Political Standpoint and Historical Insight on the Border of Post-Modernism", *History and Theory*, 24(1985)

부르크하르트에 대한 영어로 된 논문이나 단행본은 의외로 적다. 유명한 학술지에 실린 이 논문은 비록 독일 역사학자가 썼지만, 이 분야의 전문가인 저자의 독특한 해석이 돋보이는 짧막하고 쉬운 영어 논문이라 독일어에 익숙하지 않은 우리나라 독자들을 위해 소개한다. 부르크하르트의 정치사상과 역사사상을 포스트모더니즘적 관점에서 분석해나가고 있는 것이 특징이다.

옮긴이에 대하여

최성철 historyscc@hanmail.net

1964년 전북 익산에서 태어나 1983년 서강대학교 국문과에 입학했다. 80년대의 혼란스러운 정치사회 현실을 고민하다 학문을 통해 현실의 문제를 해결해보겠다는 생각에 대학원 진학을 결심했다. 그의 눈에 사실의 세계를 다루는 역사가, 또 그 중에서도 일찍이 하나의 근대 독립 학문으로의 터가 닦여진 서양사 연구 분야가 믿음직스러워 보여 결국 같은 학교 대학원 사학과에서 서양사를 공부하게 되었다. 학부 때와는 전혀 다른 분위기에서 접한 역사학, 특히 실제의 역사와 사상 사이의 변증법적 상호작용의 과정에 초점을 맞춘 사상사 또는 지성사 분야는 그에게 학문하는 즐거움과 신비로움을 동시에 체험하도록 해주었다. 또 역사의 의미와 본질에 대해서도 새로이 고민하면서 역사철학, 역사이론, 사학사 등으로 관심의 영역을 넓혀갔다. 〈Friedrich Meinecke와 독일 역사주의〉라는 제목의 논문으로 석사를 마치고 독일 유학의 길에 올랐다.

베를린 자유대학교에 입학한 후, 포스트모더니즘 경향의 역사이론과 사회경제사 등의 분야를 공부하다 우연한 계기에 접한 부르크하르트의《세계사적 고찰》은 그에게 다른 관점에서 눈을 뜨게 해주었다. 부르크하르트를 역사이론적 시각에서 새로이 분석한 논문《경험과 인식. 야콥 부르크하르트의 역사이론에 대한 연구Erfahrung und Erkenntnis. Eine Untersuchung über Jacob Burckhardts Geschichtstheorie》로 2000년 박사학위를 받았다. 현재 서강대학교 국제문화교육원 전임강사로 있으며, 앞으로 우리에게 알려지지 않았거나 정리가 덜 된 부르크하르트의 여러 모습을 국내에 소개하면서 동시에 서양에서조차 연구가 미진한 숨겨진 역사가, 역사이론가, 역사철학자들을 발굴해내고 그들에 대한 소개와 평가 작업을 계획하고 있다.

논문으로 〈파국과 구원의 변증법: 발터 벤야민의 탈역사주의적 역사철학〉,
〈역사에서의 시간: 코젤렉과 리쾨르의 시간담론을 중심으로〉 등이 있으며,
저서로 《부르크하르트: 문화사의 새로운 신화를 만들다》, 《과거의 파괴: 19
세기 유럽의 반역사적 사상》, 《역사와 우연》 등이 있다.

혁명 시대의 역사 서문 외

초판 1쇄 발행 2002년 3월 10일
개정 1판 1쇄 발행 2024년 8월 16일

지은이 야콥 부르크하르트
옮긴이 최성철

펴낸이 김준성
펴낸곳 책세상
등록 1975년 5월 21일 제2017-000226호
주소 서울시 마포구 동교로23길 27, 3층 (03992)
전화 02-704-1251
팩스 02-719-1258
이메일 editor@chaeksesang.com
광고·제휴 문의 creator@chaeksesang.com
홈페이지 chaeksesang.com
페이스북 /chaeksesang **트위터** @chaeksesang
인스타그램 @chaeksesang **네이버포스트** bkworldpub

ISBN 979-11-7131-138-5 04080
      979-11-5931-221-2 (세트)

* 잘못되거나 파손된 책은 구입하신 서점에서 교환해드립니다.
* 책값은 뒤표지에 있습니다.